KB097546

서툰 인생을 위한 철학 수업

서른 인생을 위한 철학 수업

삶의 길목에서 다시 펼쳐든
철학자들의 인생론

안광복 지음

어크로스

여는 글

삶은 결코 쉽지 않다. 어찌할지 모르겠는 상황, 해결 못할 고민은 끊임없이 찾아든다. 이럴 때 지혜롭고 믿음직한 선배가 있다면 얼마나 든든하겠는가. 선배가 꼭 주변 사람일 필요는 없다. 인류의 역사는 훌륭한 조언을 던져주는 현자賢者들로 가득하다. 하지만 일상에 허덕이는 우리가 이들에게 도움을 받기란 쉽지 않다. 학자들 특유의 정교하고 복잡한 논리에 손사래 치게 되거나, 두툼한 책 분량에 기겁하게 되는 까닭이다.

"생활 속 고민을 깔끔하게 정리하여, 이를 해결해줄 철학자들의 지혜를 알기 쉽게 들려준다."

이는 어느덧 '철학자 안광복의 스타일'이 되어버렸다. 2013년 네이버캐스트에 〈성장을 위한 철학노트〉를 연재한 이래, 나에게 오는 원고 청탁은 죄다 이런 형식의 것이다. 《서툰 인생을 위한 철학 수업》도 이런 형태 글쓰기의 연장선이라 보아도 좋겠다.

"선생님 글은 너무 가벼워요.", "조금 길게, 내용을 충분히 써주셨으면 좋겠어요."

인문학 도서 편집자들에게 늘 듣는 잔소리다. 학자라면 누구나 자기 분야에 대해 깊고 넓은 글을 쓰고 싶어 한다. 나 또한 다르지 않다. 하지만 나는 '임상臨床 철학자'다. 나의 독자들 가운데는 "정신없이 하루를 보내고, 픽 쓰러져 잠들어 눈 떠보면 아침인" 사람들이 많다. 일상에 휘둘리느라 진득하게 책을 들여다볼 만큼 마음의 여유가 없는 이들도 적지 않다.

좀 더 솔직하게 말하면, 나 또한 '생계형 철학자'다. 생활을 꾸리는 일이 버거운 학자라는 뜻이다. 직장인인 나에게는 엄연한 일과가 있다. 공부와 집필은 곡예 운전하듯 짬을 내서 눈치껏 해야 한다.

며느리 심정은 며느리가 안다고 했다. 정교하고 깊은 논의가 되레 깨달음 없는 지적 부담만 안긴다면 무슨 소용이 있겠는가. 같은 생활인이기에, 나는 일상 호흡에 걸맞은 철학의 지혜가 어느 수준인지를 몸으로 안다.

값싸고 따뜻한 길거리 음식은 생활의 전투를 이어가는 사람들에게 따뜻한 위로가 된다. 나의 글들은 잘 차려진 정찬正餐이 아니다. 오히려 길거리 음식에 가깝다. 지치고 헛헛한 영혼의 허기를 메워줄 지혜를 잘 요리해 들려주는 것, 이것이 임상 철학자로서의 나의 역할이다. 글이 얕고 짧다는 것은 나에게 단점이라기보다 오히려 장점이다.

《서툰 인생을 위한 철학 수업》에는 2006년부터 〈독서평설〉에 연재했던 '철학의 지혜' 원고, 2008년 단행본으로 나왔던 《인생고수》 원고, 그리고 2015년 SERICEO(PRO) 원고에 이르기까지 다양한 글들이 섞여 있다. 이 가운데는 내용이 겹치는 것도 있고 서로 부딪치는 부분도 있다. 하지만 크게 문제되지 않는 한, 나는 글을 손보지 않았다. 10년의 세월 동안 거듭해서 다루어졌다는 사실은 그만큼 삶에서 자주 부딪히는 문제였기 때문이리라. 단박에 해결되는 인생의 문제가 얼마나 되겠는가. 비슷한 내용이 다른 처지에서 어떻게 해석되는지를 살펴보는 것도 의미 있으리라는 판단이다.

내 글은 철저하게 '독자 맞춤형'이다. 읽는 이의 고민에 맞게 철학의 지혜를 가다듬었다는 뜻이다. 때문에 관련 분야 전문가들이 볼 때는 어울리지 않는 해석과 적용으로 여겨질 부분도 있을 듯싶다. 하지만 큰 산은 보는 방향에 따라 모양이 달라지는 법이다. 깊은 지혜는 일상에서 다양한 모습과 수준으로 쓰인다. 부디 너른 마음으로 이해해주시기를 부탁드린다.

이제 감사의 글을 적을 차례다. 이 책에는 오래된 인연과 새로운 만남이 섞여 있다. 오랫동안 호흡을 맞춰온 윤소현 독서평설 편집장, 김형보 어크로스 대표, 최윤경 편집자의 연륜年輪은 거칠고 성급한 초고初考를 글답게 만들어주었다. 또한 SERICEO의 송남경, 신지혜 PD, 어크로스 박민지 편집자의 젊고 참신한 감각은 내 글에 전에 없는 활력을 불어넣어주었다. 나는 사람 복이 많은 필자다. 이 자리를 빌려 깊이 감사드린다.

토머스 홉스Thomas Hobbes는 데번셔 백작가家에서 평생 일했다. 그는 죽어서도 데번셔 가문 백작들의 동상이 내려다보는 곳에 묻혔다. 나는 중동고 철학교사로 20년째 근무하고 있다. 토머스 홉스와 데번셔 가의 관계는 나와 중동학원의 인연과 비슷할 듯싶다. 임상 철학자인 내 인생의 울타리가 되어준 중동학원 가족들께 깊이 감사드린다.

내 첫 책이 나오던 해, 아들 종석은 돌을 맞았다. 그 아이가 자라 내년이면 고등학생이 된다. 난 좋은 아버지가 아니다. 그럼에도 훌륭하게 성장해준 종석이, 아빠를 '딸 바보'로 만든 지원이에게, 아이들을 잘 키워준 아내에게 고마움을 전한다.

어느덧 팔순을 바라보시는 부모님께, 늘 내 영혼의 한 부분으로 살아 계신 외할머니께 이 책을 바친다.

2015년 12월
안광복

차례

2
어떻게 사는 게 잘사는 걸까　철학에 행복을 묻다

3
기꺼이 곁을 내어주는 법 철학에 관계를 묻다

4
사람의 숲으로 가는 길 　철학에 사회를 묻다

아직도 삶이 혼란스럽다면

철학에 인생을 묻다

우리는 남들의 칭찬에 순간적으로
아무것도 아닌 비난에 한없이
하지만 죽음의 순간에는
삶에 대한 최종 평가는 남이 아닌,

춤을 추었다가
절망한다.
결국 혼자임을 기억하라.
결국 자신과 신에 의해 내려진다.

어떻게 삶의 의미를
찾을 수 있을까

빅터 프랭클

내가 왜 사는지 모르겠다

—

세상에서 제일 짜증 나는 일이 바로 자신을 잘난 사람과 비교하는 것이다. 특히 콤플렉스인 부분을 남과 견줄 때는 더욱 그렇다. "저 친구는 저렇게 훤칠한데 나는 왜 이리도 짜리몽땅할까? 누구는 머리가 좋아서 빈둥거려도 아이디어가 쏟아지는데, 나는 왜 밤새 머리를 쥐어짜도 이 모양일까?" 이렇게 좌절감을 곱씹다 보면, 어느덧 자기 자신이 외모도 별로고 머리도 나쁜 데다 집안도 별 볼 일 없는 듯 여겨진다. "왜 이리 내 삶은 가늘고 모질기만 할까? 나한테 좋은 날이 오기나 할까?"

프로이트S. Freud는 "누군가 삶의 의미와 가치에 대해 의문을 던진다면 그는 병든 사람이다."라고 말했다. 생활이 즐겁고 하는 일마다 잘 풀릴 때는, 삶의 의미니 뭐니 하는 것들은 뜬구름 잡는 이야기일 뿐이다. 그러나 신산스럽고 주눅 드는 일상이 계속될 때 우리는 인생의 의미를 심각하게 묻게 된다. "왜 나는 이리도 고달프게 살아야만 하는 것일까? 내 힘든 삶은 무엇으로 보상받을 수 있을까?"

여기에 대해 빅터 프랭클은 니체의 말을 조용히 건네는 것으로 답변을 대신한다. "왜 살아야 하는지 아는 사람은 어떤 상황도 견딜 수 있다." 프랭클은 삶에 지친 사람들에게 인생의 의미를 찾아주기 위해 노력한 사상가였다.

세상에서 가장 불행한 사람

—

가장 불행한 경험을 한 사람을 뽑는 대회가 있다면, 프랭클은 아마 최상위권에 충분히 들어갈 것이다. 그는 아우슈비츠 수용소 출신이다. 세상의 온갖 불행을 다 모아도 아우슈비츠의 경험보다 더 끔찍하기는 어렵다. 죽음의 공포 속에서 굶주리고 매 맞으며 죽도록 일하는 상황. 나치는 유대인들을 마지막까지 부려먹다가 더 이상 노동할 수 없는 지경에 이르면 죽여버렸다. 해방은 턱없는 환상에 지나지 않았다. 시체 태우는 연기가 끊이지 않는 굴뚝을 바라보며 살아가야만 하는 절망적인 삶, 이것이 생지옥 아우슈비츠의 현실이었다.

그러나 프랭클은 아우슈비츠조차도 자신의 자유를 빼앗지는 못했다고 말한다. 사람에게는 누구나 그 무엇으로도 앗아갈 수 없는 자유가 있다. 그것은 "주어진 상황에서 자신의 태도를 취할 수 있는 자유"다. 신병교육대에서 혹독한 훈련을 참아내는 힘은, 그 고난이 자신을 더욱 강하게 만들 것임을 아는 데서 온다. 시련의 이유를 알 때 고통은 참을 만해진다.

아우슈비츠에서처럼 도무지 가치를 찾을 수 없는 고난은 어떨까? 프랭클에 따르면, 인생에서 의미 없는 고통은 없으며 모든 인생의 의미는 바로 자기 자신에게서 나온다. 도스토예프스키는 "나는 나의 고통이 의미 없어질 때가 가장 두렵다."라고 말했다. 내게 닥친 힘든 상황을 단지 불행으로 받아들이는 순간, 내가 겪고 있는 고생은 삶을 망가뜨리는 고통으로 변한다. 그러나 그 고난이 내 삶에 어떤 식으로든 깨달음과 의미를 준다고 여길 때 이것은 나를 더욱더 강하게 만드는 '담금질'로 다가온다. 니체도 말하지 않았던가? "나를 죽이지 못하는 것은 나를 더욱 강하게 만든다."라고.

삶의 의미를 찾는 방법

—

삶이 불행한 이유는 가난이나 질병에 있지 않다. 내로라 하는 자리에서 남부러울 것 없이 사는 사람들도 우울증에 빠지고 삶을 버거워한다. 풍요로운 국가일수록 자살하는 사람이 많고 마약 중독자도 흔하다.

프랭클은 현대인의 불행을 '누제닉 노이로제noogenic neurosis'라고 진단한다. 그리스어로 '누스noos'는 '마음'이라는 뜻이다. 곧 누제닉 노이로제란 불행의 원인이 마음에 있다는 뜻이다. 인생의 의미를 스스로 찾지 못할 때, 내 삶은 다른 사람의 손에 휘둘리게 마련이다. 남들에게 인정받기 위해 아등바등하거나, 아니면 다른 이들에게 손가락질당하지 않으려고 끊임없이 눈치를 보게 된다. 그러고도 인정과 애정을 받지 못하면 그만큼 삶은 불행해질 뿐이다.

하지만 다른 이들에게 인정받는다고 과연 행복해질까? 삶은 다시 목표를 잃고 공허해질 뿐이다. 이렇게 인생의 의미를 찾지 못한 사람은 언제나 불행하다. 이런 사람들을 위해 프랭클은 '의미 치료logotherapy'라는 상담 기술을 개발했다. 의미 치료란 삶의 방향을 잃고 표류하는 사람들에게 인생의 진정한 의미를 찾게 해주는 상담 방법을 말한다.

어떻게 해야 삶의 의미를 찾을 수 있을까? 술만 취하면 "인생

—— 서툰 인생을 위한 철학 수업

이란…." 하며 일장 연설을 하는 사람이 있다. 그렇지만 거창하게 인생 목표를 읊조리는 이들치고 알차게 살아가는 사람은 드물다. 프랭클이 가르쳐주는 삶의 의미 찾기는 소박하지만 분명하다. "하루하루를 잃어버린 어제라고 생각하고 최선을 다하라."

자신이 지금 얼마나 튼실한 삶을 꾸려가고 있는지를 결정하는 것은 과거의 나도 미래의 나도 아니다. '지금 이 순간의 나'다. 어제 하지 못한 일 때문에 후회하고 있는가? 예전에 찾아왔던 기회를 무심코 흘려버려 탄식하고 있는가? 그렇다면 지금 내 삶에서 만회하면 된다. 어제 계획대로 살지 못했다면, 오늘은 그 실수가 반복되지 않도록 최선을 다해 살면 된다. 그렇게 하면 삶의 마지막까지 의미를 찾지 못해 공허해지는 순간은 없을 것이다.

나아가 프랭클은 진정한 삶의 의미를 찾으려면 자신에게서 벗어나라고 충고한다. 백내장에 걸린 사람에게는 세상이 구름으로 가득 찬 듯이 보인다. 녹내장 환자는 빛 주변에서 무지개를 본다. 그러나 건강한 눈을 가진 사람은 세상을 있는 그대로 본다.

마음이 건실한 이들도 그렇다. 그들은 자기 자신에게만 집중하지 않는다. 세상을 있는 그대로 보면서, 남들에게 그리고 세상에서 진정 의미 있는 사람이 되기 위해 노력할 뿐이다. 자기 문제에 몰두하지 말고 다른 이들에게 사랑을 주며 세상을 향해 마음을 열어라. "거울 속의 내 모습에서 눈을 떼면 그 밖의 모든 것을 볼 수 있다."

이러한 프랭클의 가르침은 마음의 병을 고치는 데도 매우 유익하다. 콤플렉스는 떨치려고 하면 더 심해지는 속성이 있다. 멋진 이성 앞에서 바보같이 떨지나 않을까 불안해하는 사람을 예로 들어보자. '이러면 안 되는데. 당당하고 의연한 모습을 보여야 해'라고 되뇌면 되뇔수록 불안은 오히려 커질 뿐이다.

그렇다면 거꾸로 생각해보자. 이왕 떨 것, 얼굴 빨개진 모습으로 얼마나 심하게 떨 수 있는지를 보여주겠다는 각오로 더욱 열심히 떨어보라. 멍석을 깔아놓으면 하던 짓도 못하는 법이다. 콤플렉스는 "이제 고치는 걸 포기해야겠어."라고 외치는 순간 사라지고 만다. 다가오는 발표 때문에 불안하다면 사람들 앞에서 더 떨고 당황하고 더듬기 위해 노력하라. 회피하지 말고 의도적으로 하려고 노력할수록, 내 마음이 두려워하는 일은 오히려 점점 더 하기가 어려워진다.

이것을 프랭클은 '역설적 의도paradoxical intention'라고 부른다. 자신에게 거리를 두고 스스로의 부족한 모습에 미소를 지어보자. 어차피 "우스꽝스럽게 헐벗은 내 삶 외에 더 잃을 것이 없지 않은가?" 그리고 세상을 위해 내가 할 수 있는 일이 무엇인지를 고민해보자. "자기 자신을 잊을수록, 사랑하고 봉사할 대상을 찾으면 찾을수록 우리는 더욱더 좋은 인간이 된다."

나의 목표와 의미를 되물어라

—

　　프랭클은 고민으로 사색이 된 환자들에게 "왜 자살하지 않으시죠?"라고 묻곤 했다. 그토록 고통받으면서도 삶을 꾸려나가는 이유는 분명히 살아가는 목표와 의미가 있기 때문이다. 다만 그것을 미처 발견하지 못해서 삶이 괴롭게 느껴졌을 뿐이다.

　생활이 신산스러울수록 "이 고통을 통해 내 삶은 어떻게 강해질 수 있는가?", "지금 나는 어떻게 처신해야 가장 가치 있는 사람이 되는가?"라고 되물어보자. 사람은 꿈에 살고 꿈에 죽는 존재다. 그리고 사랑에 살고 사랑에 죽는 존재다. 꿈과 사랑을 여는 열쇠는 바로 내 손안에 있다. '의미의 치료사' 프랭클은 이 점을 우리에게 일깨워준다.

　빅터 프랭클Viktor E. Frankl은 1905년 오스트리아 빈에서 태어났다. 빈 대학에서 의학을 공부하고 신경학과 정신의학 전문의가 되었다. 빈 종합대학 자살 예방 및 치료 병동에서 근무하다가 1940년부터 1942년까지는 로칠트 병원의 신경전문의로 근무했다. 그 무렵 로칠트 병원은 빈에서 유대인 의사가 근무할 수 있는 유일한 곳이었다.

1942년에 빅터 프랭클은 그의 아내, 부모와 함께 유대인 수용소로 끌려갔다. 아내와 부모는 그곳에서 목숨을 잃고 말았다. 1944년에는 아우슈비츠, 그리고 연이어 다카우의 수용소로 이감되었다. 그는 1945년, 미군이 진주한 후에야 겨우 풀려날 수 있었다.

석방 후 빈으로 돌아온 그는 저 유명한 《죽음의 수용소에서》를 썼다. 이후 하버드, 서든 메소디스트, 스탠퍼드 및 듀케인 대학에서 교수직을 맡았으며, 1997년 사망했다.

삶의 의미를 찾아줌으로써 건강함을 되돌리려는 프랭클의 로고테라피(의미 치료)는 수용소에서 보낸 3년간의 체험에서 비롯되었다. 그가 수용소 안에서 치료한 젊은 여성은 죽음을 앞두고 이렇게 말했다고 한다. "나는 운명이 이렇게 엄청난 충격을 준 데 대해 감사하고 있어요. 그전까지 나는 제멋대로였고 정신의 만족 같은 것에 대해 진지해본 적이 없었거든요." 만약 시련이 닥치지 않았다면 그녀는 결코 세상에 대한 깊은 성찰에 도달하지 못했을 터다. 이렇듯 "시련의 이유를 알면 고통은 멈춘다."

안주하는 모범생의 삶을
벗어던질 용기

니체

나약한 모범생의 삶

—

노라는 인형처럼 귀여움을 받고 자란 여인이다. 유능한 변호사인 헬메르와 결혼해 세 명의 자녀를 두었다. 남편은 곧 은행장으로 취임할 예정이다. 어느 모로 보나 행복의 절정에 다가간 순간이다.

하지만 그녀의 삶에 위기가 찾아든다. 그녀가 예전에 병든 헬메르의 치료를 위해 아버지의 서명을 위조해 고리대금업자에게 돈을 빌린 사실이 드러난 것이다. 승진의 문턱에서 그 사실을 알게 된 남편은 자신의 체면이 깎였다는 사실에 노여워한다. 노라는 자신이 결국 남편의 '인형'에 지나지 않았음을 깨닫고 '인간으로서 자신을 찾기 위해' 문을 박차고 나가버린다. 모든 문제가 해결되고 다시 장밋빛 앞날이 펼쳐지려는 시점에 말이다.

헨리크 입센Henrik Ibsen이 쓴 희곡 《인형의 집》의 줄거리다. 나라면 과연 그 상황에서 모든 것을 버리고 떠날 수 있을까? 따지고 보면, 노라가 처한 현실은 누구에게나 일어날 법한 일이다. 예를 들어보자. 모범생이던 학생이 일류 기업에 취직했다. 그는 누구보다도 열심히 일한 덕분에 회사로부터 인정을 받았다. 결혼해 자식도 낳고 집도 장만한 그는 곧 임원으로 승진할 예정이다. 그런데 마침 회사에 큰 사건이 터졌다. 희생양을 찾느라 혈안이 된 분위기에서 그의 절친한 동료가 제물이 됐다. 회사에 몸 바쳐 일했던 그 친구는 결국 초라한 모습으로 회사를 떠나야 했다. 이를 계기로, 그는 자신 역시 언제든지 '교체 가능한 일개 부품'에 지나지 않음을 퍼뜩 깨닫는다. 그렇다 해도 그는 '인간으로서 자신을 찾기 위해' 박차고 나갈 수 있을까? 모든 것을 뿌리칠 용기가 있다 해도, 그는 어디로 간단 말인가? 오직 회사에만 코를 박고 살아온 그가 갈 곳은 어디인가?

흔히 모범생으로 살아온 이들이 맞닥뜨릴 수 있는 상황이다. 자신이 잘나간다고 생각한다면 가슴에 손을 얹고 스스로에게 물어보자. 나는 혹시 부모님, 선생님에게 인정받지 못할까 그토록 열심이었던 게 아닌가? 단지 회사에서 밀려날까 두려워 죽도록 일하고 있지는 않은가? 지금 직장의 돌아가는 모양새가 마음에 들지 않지만, '여기 말고는 다른 대안이 없기에' 마지못해 일하고 있는 것은 아닌가?

이런 물음에 고개를 끄덕이게 된다면, 그대는 모범생이라기보다는 겁쟁이에 가깝다. 인정받고 싶은 마음은 버림받지 않을까 하는 두려움의 쌍둥이 형제다. 내쳐질지 모른다는 절박함을 안고 사는 한, 인생은 결코 행복해지기 어렵다. 늘 불안하고 쫓기는 삶이 이어질 터다. 과연 나는 모든 두려움을 떨쳐버리고 어깨 꼿꼿이 펴는 당당한 삶을 살 수 있을까?

니체는 스스로를 '철학하는 의사'라고 부르곤 했다. 확실히 니체의 철학에는 선입견을 부수고 삶에 생명력을 불어넣는 힘이 있다. 나치 정권이 1차 세계대전 후 열패감에 젖은 독일 국민에게 니체를 '정신적 자극제'로 주입했음은 잘 알려진 사실이다. 니체의 철학은 스스로를 유럽의 3등 시민으로 여기던 독일인들을 순식간에 '제3제국을 이끄는 위대한 아리안족의 후예'로 거듭나게 할 만큼 강렬했다. 니체는 무기력에 빠진 이들에게도 삶에 대한 열망을 일깨워주는 '철학하는 의사'로 손색이 없다.

순종하는 낙타, 대안 없는 사자

—

니체를 통해 '구원'을 얻을 사람들은 누구인가? 바로 거리에 즐비한 '낙타형 인간'들이다. 낙타는 불평을 모른다. 주어진 먹이를 먹고 가라는 길을 갈 뿐이다. 삶은 고난이라고 여기는 이 동물은 지난한 생활에 탈출구란 없다고 믿는다. 남이 하는 말에 늘 전전긍긍이다. 스스로 무엇이 가치 있고 올바른지 따지기보다, 자기보다 우월한 자의 말에 맹목적으로 순종한다.

대한민국의 수많은 모범생 중에 자신이 왜 공부해야 하는지를 알고 있는 학생이 얼마나 될까? 대부분은 부모나 선생님이 옳다고 정한 길을 뒤처지지 않기 위해 부지런히 뛰고 있을 뿐이다. 그네들 중 일부는 성적이 나쁘다는 이유로 스스로 목숨을 끊기까지 한다. 이들은 과연 목숨을 걸 만큼 소중한 것을 잃었기에 그처럼 극단적인 선택을 한 것일까? 다른 사람들이 규정해놓은 영웅상을 맹목적으로 숭배한 나머지, 자신은 그렇게 되지 못한다는 절망감에 스스로를 죽음으로 몰고 가지는 않았는가? 이들의 삶에서 진정한 '나'는 어디에 있는가?

해고의 공포 속에서 쳇바퀴 돌듯 일상을 힘겹게 반복하는 수많은 직장인들도 마찬가지다. 이들은 '삶은 원래 희생하는 것'이라며 위안을 삼는다. 하지만 그네들 삶의 끝에는 무엇이 기다리고 있는가? 그들은 영원히 웃을 수 없다. 때로는 주변의 위로와 고 마음의 한마디가 아편처럼 이들의 고통을 덜어주곤 한다. 그러나 이는 고통받는 이들에 대한 연민이지 치료제는 아니다.

반면 '사자형 인간'도 있다. 이들은 여느 낙타들과는 다르다. 이들은 "아니다!"라고 말할 줄 안다. 순종을 강요하는 권위에 맞서 이빨을 드러내며 으르렁거리기도 한다. 그러나 이들의 행동은 '반항'일 뿐 '홀로 섬'은 아니다. 무엇을 이루기 위해 싸우는 게 아니라 현실이 참담하기에 거부할 뿐이다. 대안은 늘 없거나 비현실적이다. 사자들은 결국 독기를 잃고 쇠사슬에 묶여 동물원으로 끌려갈 신세다. 세상이 부조리하다며 혁명을 꿈꾸지만 정작 이루어야 할 이상理想이 사라진 인간. 이들이 바로 니체가 측은해하는 사자들이다.

자기를 사랑하라, 운명을 사랑하라
—

니체는 낙타와 사자들을 어떻게 치료할까? 그는 먼저 신神부터 죽인다. 그가 죽인 신이란 무엇인가? 끊임없이 무엇인가에 의지하고 싶어 하는 우리의 나약함이다. 니체는 말한다. "신은 시체로도 산다."

어린 시절 우리는 아버지의 든든한 어깨와 어머니의 포근한 가슴에 기댔다. 부모는 거친 세상의 풍파를 막아주는 튼튼한 방파

제였다. 성인이 되어서도 의존심은 좀처럼 사라지지 않아서, 믿고 의지할 대상을 끝없이 찾는다. 신앙은 이때 훌륭한 '대리 부모'가 된다. 의지하여 안정을 찾고 싶은 마음이 결국 신을 만들었다. 어떤 이들은 신 대신에 과학의 합리성과 절대성을 믿기도 한다. 이들은 스스로 무엇이 옳은지 판단하기보다는 신이 바라는 게 무엇인지에 비추어 자신을 평가한다. 부모의 사랑을 받기 위해 눈치를 보는 아이처럼, '하느님 아버지'의 마음에 들기 위해 노력한다.

니체는 말한다. "유일신이 왜 그렇게 위대해졌는지를 아는가? 그건 인간이 왜소해졌기 때문이다." 그렇다. 종교나 절대적 권위에 복종하는 인간은 자라지 않는 영원한 어린아이와 같다. 무엇에 의지할수록, 자신이 혹시 절대자의 뜻과 어긋나고 있지는 않은가 하는 불안감에 시달리게 될 터다. 그래서 그는 더욱더 나약해진다.

모범생의 콤플렉스와 우울은 스스로 서지 못하고 절대적인 권위로부터 인정받음을 통해 삶의 안정을 찾으려는 나약한 마음에서 비롯된 탓이 크다. 그래서 니체는 《차라투스트라는 이렇게 말했다》에서 "신은 죽었다."라고 선언한다. 무기력과 나약에서 벗어나기 위해서는 먼저 그의 말을 들어야 한다. 자기를 사랑하고 현실을 긍정하라! 니체가 자신을 찾아온 내담자들에게 던지는 첫 번째 충고다.

반면 사자들을 향해서 니체는 다른 처방전을 내민다. 인상 쓰고 있는 사자들에게 니체는 "웃어라!"라고 명령한다. 사자는 결코 웃고 있는 어린아이를 이기지 못한다. 무슨 말이냐고? 사자는 자신을 위협하는 대상을 쓰러뜨릴 수는 있다. 하지만 그 후에 찾아오는 것은 끝 모를 허탈과 사라지지 않는 분노일 뿐이다.

모든 파괴는 창조를 위한 것일 때에만 의미가 있다. 단순히 건물을 부수려고 할 때 망치는 파괴의 도구일 뿐이다. 반면 허문 자리에 새 건물을 짓기 위해서라면, 망치는 비록 벽을 부수고 있어도 창조의 도구다. 허무주의에 빠져 있는 사자에게 니체는 새로운 가치를 만들어내라고 권한다. 자신이 원하는 바의 가치를, 그것도 자신의 머리로 말이다!

더구나 창조자는 어린아이처럼 웃고 있어야 한다. 무력감과 냉소는 우리를 끝없이 밑으로 끌어내린다. 그러나 어린아이의 놀이는 '무엇을 이루기 위해' 향해가는 과정이 아니다. 그 자체로 즐거운 행위일 뿐이다. 웃음은 또한 절대적인 권위를 무너뜨린다. 위세를 떨치던 비밀결사단 KKKKu Klux Klan(백인우월주의 테러단체)가 무너진 이유는 엄청난 공권력 때문이 아니라, 그들의 비밀 교리가 〈슈퍼맨〉 드라마를 통해 철저하게 희화되어 대중의 웃음거리가 된 탓이 크다.

어린아이에게 지루한 일상의 반복은 똑같은 결과를 확인해가는 과정이 아니다. 아이에게 반복되는 일상은 '결과의 반복'이 아니라 '차이의 반복'이다. 매 순간 순간의 과정은 그 자체로 의미가 있다. 벽에 공을 열 번 차면 다시 튀어나온다는 점은 매번 똑같지만, 슛을 하는 순간의 느낌과 감각은 늘 새롭다. 일상 또한 그렇다. 반복되는 것 같아도 가슴을 열고 긍정하는 마음으로 대하면 새로운 가치로 다가올 터다. 그러니 amor fati! 운명을 사랑하라!

두려움을 극복한 사람만이 자유를 누린다
—

"하늘을 향해 던져진 모든 돌들은
네 머리 위로 다시 떨어질 수밖에 없다."

중력重力의 영혼Geist der Schwere은 이런 냉소적인 말로 차라투스트라를 밑으로 끌어내린다. 이에 차라투스트라는 가볍게 대꾸한다. "그것이 생이던가. 좋다! 그렇다면 한 번 더!"

니체는 말한다. "용기는 최상의 살해자다. 특히 공격적인 용기는!" 무력감과 패배의식은 끊임없이 우리의 삶을 아래로 끌어내린다. 그럴 때마다 니체는 '달려들어 물어뜯을 것'을 우리에게 권한다.

타인과 사회가 맞추어놓은 틀에 무작정 순응하는 삶은, 박수쳐주는 부모 없이는 어떻게 해도 만족할 수 없는 유치원생의 모습과 같다. 자신을 사랑하고 스스로 삶의 의미를 찾으며 '나만의 나'를 만들어갈 때, 비로소 우리는 낙타에서 사자로, 다시 초인超人으로 거듭난다. 자유는 두려움을 극복한 사람만이 누릴 수 있다. 니체는 이 점을 소심증에 걸린 우리에게 일깨워준다.

프리드리히 니체Friedrich Nietzsche는 1844년 독일 작센 주의 시골 마을 뢰켄에서 태어났다. 니체는 무척이나 경건하고 섬세한 아이였다. 그는 듣는 사람이 눈물을 흘릴 만큼 《성경》 구절을 감동적으로 읽어서 '꼬마 목사'라 불렸다.

1869년, 니체는 불과 스물다섯의 나이에 스위스 바젤 대학의 문헌학 교수로 초빙되었다. 이 시기에 그가 살던 곳 인근 별장에 작곡가 바그너가 머물고 있었다. 바그너 가족과 니체는 매우 친밀하게 지냈다.

바젤 대학 교수가 된 직후 니체는 프로이센 - 프랑스 전쟁에 간호병으로 참전했다가 전염병에 걸려 두 달 만에 제대했다. 그 뒤 그의 건강 상태는 악화되기 시작했다. 1879년, 서른다섯 살에 교수직을 그만둘 때까지 니체의 건강은 빠른 속도로 나빠졌다. 니체 특유의 아포리즘이 나타난 시기도 이때다. 눈이 아파 오래 책을 보고 쓸 수 없어 짤막한 경구 위주로 책을 쓸 수밖에 없었던 까닭이다.

교수직을 그만둔 뒤, 니체는 줄곧 건강을 위해 쾌적한 곳을 찾아 여행을 계속했다. 이때 루 안드레아스-살로메(독일 작가. 니체·릴케·프로이트 등 수많은 지성인들과 우정을 나눈 것으로 유명하다)와 사랑에 빠지기도 했다. 1885년 《차라투스트라는 이렇게 말했다》를 출간한 뒤 《선악의 건너편》, 《도덕의 계보학》 등 여러 권의 책을 연달아 써냈다.

1889년, 정신이상 증세를 보이던 니체는 광장에서 마부에게 매를 맞고 있는 말을 끌어안고 울다가 갑자기 졸도해버렸다. 그리고 쉰여섯 살에 숨을 거둘 때까지 온전한 정신을 회복하지 못했다.

자신을 사랑하고 스스로 삶의 의미를 찾으며
'나만의 나'를 만들어갈 때,
비로소 우리는 낙타에서 사자로,
다시 초인超人으로 거듭난다.

스스로 선택하는 게
어렵다면

칸트

엄마가 좀 해줘
—

경쟁이 치열해질수록 마마보이와 파파걸은 점점 늘어간다. 혼자서 경쟁을 헤쳐가기에는 버거워진 상황, 부모가 자녀의 '매니저'가 되어버린 탓이다. 부모는 초등학교 때는 '숙제 도우미'로, 중·고교 시절에는 학원을 연결하는 '로드 매니저' 겸 '시간 관리사'로 자녀를 돕는다.

이제 부모의 역할은 입시를 뛰어넘고 있다. 대학 수강 신청을 하는 데도 부모가 머리를 싸매고, 학생 대신 지도교수를 면담하기도 하는 세상이 되었다. 심지어 취직해서도 부모가 인사 담당자를 찾아가는 일이 적지 않다고 한다. 결혼할 때도 그렇다. 배우자 선택에서부터 집을 사고 살림을 꾸리고, 나아가 손자의 육아에 이르기까지 부모의 역할은 끝이 없다.

그렇다면 아이는 언제 비로소 어른이 될까? 이 점에서 부모 복이 많은 사람들은 박복해서 홀로 서야 하는 이들보다 불행하다. 인생을 스스로 가꾸어나갈 기회도, 능력도 없는 까닭이다. 어찌 보면 우리 사회 전체가 마마보이와 파파걸 양성소인 것 같다.

과연 자기가 원하는 대로 줏대 있게 사는 사람이 얼마나 될까? 대개는 눈치를 보며 사회가 정해놓은 잣대에 따라 살아간다. 남들이 명문 대학을 원하기에 자기도 명문 대학을 가고 싶어 하고, 좋은 집과 차를 자랑하기에 그것을 부러워하는 식이다. 사회는 학원, 자격증 시험, 유학 등등 이를 얻는 방법을 구체적인 길과 함께 제시한다. 사람들은 비판 없이 사회가 바라는 길을 따라 걷는다. 그러다가 취업난 등으로 삶이 어그러지면 '무책임한' 사회를 원망한다. 왜 사회는 이토록 열심히 살아온 사람들에게 닥친 불행을 해결해주지 못하는가? 부모에게 영원히 기대며 원망하는 마마보이와 파파걸의 모습은 남들이 바라는 가치를 무작정 좇다가 좌절하고 원망하는 우리 사회 전체의 모습이 아닐까?

남의 잣대에 맞추어 눈치 보며 사는 삶은 늘 불안하다. 진정한 행복은 자기 스스로 꿋꿋이 설 수 있을 때 찾아온다. 어떻게 해야 당당하게 혼자 서는 인생을 설계할 수 있을까? 칸트는 여기에 답을 주는 철학자다. 칸트는 이렇게 말한다. "미성년의 원인은 이성이 부족한 데 있는 게 아니다. 다른 사람의 지도 없이 스스로 생각하려는 결단과 용기가 부족한 데 있다."

어른은 스스로 생각할 줄 아는 사람이다. 자기가 무엇을 바라며 어떤 것을 해야 하는지 홀로 고민하고 결정해보자. 먼저 무엇이 올바르고 도덕적인지 가늠할 줄 알아야 한다. 아무리 좋은 목표라도 비도덕적이라면 소용이 없다. 예컨대 세계적인 학자가 되는 것을 인생의 목표로 삼았다 치자. 석학이 되는 데는 열심히 공부해서 좋은 글을 많이 발표하는 길도 있지만, 감쪽같이 자료를 베끼고 속이는 기술을 익히는 방법도 있다. 때로는 거짓이 정직보다 더 좋은 결과를 낳는다. 그래서 편법의 유혹이 끊임없이 자신을 옳지 못한 길로 이끌곤 한다. 어떻게 하면 여기서 벗어날 수 있을까?

부패한 관리들은 대개 '위에서 시키는 대로', '늘 해왔던 대로' 했을 뿐이라고 변명한다. 투기를 일삼는 사람들도 남들이 다 하기에 그렇게 했다며 그게 나쁜 짓인지조차 몰랐다고 발뺌을 한다. 따지지 않으면 망가지는 것은 순식간이다. 도덕적이지 못한 길은 결국 사회를 병들게 하고 자기 자신까지 무너뜨린다. '따지지 말라'는 말은 마음의 성장을 가로막는다. 그래서 칸트는 무엇이 도덕적인지를 따져 묻기 쉽도록 세 가지 방법을 일러준다.

마음의 성장을 위한 법칙

—

칸트의 첫 번째 방법은 이렇다. "네가 하려는 바가 마치 자연법칙처럼 보편적으로 적용될 수 있게끔 행동하라." 자연법칙에는 예외가 없다. $E=mc^2$ 같은 물리학 공식은 날아가는 돌이건 자동차건 똑같이 적용된다. 칸트는 도덕도 그렇다고 말한다. "내가 하려는 바가 마치 법칙처럼 누가 해도 무리 없는 일인지를 검토해보라."

칸트는 거짓말을 해서 돈을 빌리는 경우를 예로 든다. 설사 내가 이익을 얻는다 해도 다른 사람들이 이렇게 해도 괜찮은지, 내가 하려는 행동을 다른 사람들 모두가 한다고 상상해보자. 모두가 나와 똑같이 행동하리라 생각하고 결과를 예상하는 사고思考실험은 나에게 올곧은 처신이 무엇인지를 일러준다.

세상은 나에게 내키지 않는 일을 끊임없이 강요한다. 봉사활동 점수를 다 채웠다면 남 돕는 일 그만 하고 공부나 하라고 다그치기도 하고, 판매 실적을 위해 제품의 약점을 감추도록 지시하기도 한다. 그럴 때면 늘 마음이 편치 않다. 왜 그럴까? 누구에게나 양심이 있기 때문이다. 칸트가 일러준 기법은 손쉽게 양심을 일깨우는 방법이다. 나와 남들의 선한 마음을 동시에 불러내어 판단하면 진정 올바른 것이 무엇인지 분명하게 드러날 것이다.

그렇지만 세상살이는 그리 녹록지 않다. 착함이 곧 어수룩함으로 여겨지기도 한다. 그럼에도 누구나 인정할 정도의 도덕적인 태도는 결국 큰 성공을 가져다줄 것이다. 윤리 경영은 기업들이 최고로 꼽는 가치다. 당장은 손해일지 몰라도 결국엔 큰 이익을 안겨주기 때문이다. 사람들은 마음을 편하게 해주는 이와 양심에 꺼리지 않는 행동을 좋아한다. 그렇지 못한 일은 마지못해 하고 있을 뿐이다.

둘째, "다른 사람들을 수단일 뿐 아니라 항상 목적으로 생각하고 대하라." 세상일이란 다른 사람들과 끝없이 얽히는 과정이다. 일상에서 우리는 보통 '이용'하기 위해 사람들을 만난다. 고객을 만나는 이유는 이익을 얻기 위해서다. 물건을 사면서 가게 점원과 '인간적인 만남'을 원한다면, 오히려 이상한 사람으로 취급당할 수 있다. 그럼에도 칸트는 누구를 만나든지 사람을 수단이 아닌 목적으로 대하라고 말한다. 가능한 일일까?

칸트 역시 모든 사람을 목적으로만 존중하고 대할 수 없음을 잘 안다. 그가 말하고자 하는 바는 다른 사람도 양심을 지닌 소중한 존재임을 잊지 말라는 것이다. 갈등이 생기면 상대방의 양심에 손을 얹고 생각해보면서 어떤 결론을 얻을지 헤아려보자.

죽을 것이 분명한 임무를 위해 병사를 보내는 장군을 예로 들어보자. 병사들을 승리를 위한 총알 정도로 생각한다면 결정을 내리기는 아주 쉽다. 하지만 그렇게 얻은 승리는 올바르지 않다. 사람을 존중하지 않는 장군은 결국 부하들의 반감을 사고 내부의 적을 만들어낼 것이다. 장군은 전쟁터에 나가는 병사들의 양심에 비추어 판단할 때 올바른 처신을 이끌어낼 수 있다. 작전을 위해서는 그들의 희생이 꼭 필요한 상황인가? 조국과 부모 형제를 위해서 병사들은 어떤 판단을 내릴 것인가? 나라를 지키기 위해 어쩔 수 없는 장군의 명령을 그들의 양심이 받아들여줄까? 여기에 착한 마음이 손을 들어줄 때, 그것이 비록 그들을 죽음의 길로 보내는 것이 될지라도 결단을 내릴 수 있을 것이다.

우리의 양심은 결코 나를 위해서라면 다른 사람이 손해를 보아도 된다고 말하지 않는다. 이기심이 선한 마음을 가릴 때만 그럴 뿐이다. 눈을 감고 그 사람의 양심이 내릴 판단을 좇아보라. 그러면 우리의 가슴은 조용히 그 답을 일러줄 것이다.

모든 사람들이 이런 자세로 세상을 살아갈 때, 칸트는 '목적의 왕국'이 실현된다고 말한다. 목적의 왕국에서는 모두가 모두를 존중하며 인격으로 대한다. 고귀한 희생은 있어도 이용은 없다. 정말 멋진 신세계가 아닌가!

셋째, "양심을 가진 사람들끼리 모여서 자신들이 하려는 바를 언제든지 법으로 만들 수 있다는 각오로 행동하라." 사람은 누구나 옳고 그름을 가릴 수 있다. 따라서 규칙을 정하려면 나와 마찬가지로 올곧은 판단을 내리는 다른 이들의 생각을 충분히 존중해야 한다. 나만이 도덕적이며 똑똑하다고 생각하는 순간, 판단은 일그러진다. 잘못 없는 생각은 비판을 먹고 자란다. 상대가 힘이 세고 권력이 있고 돈이 많아서가 아니라, 양심을 지닌 사람이기에 소중하게 대해야 한다는 자세로 판단해보라. 누구도 마음 아프게 하지 않는 가장 공정한 결정은 이렇게 내려진다.

홀로 서는 삶이 아름답다

—

나의 마음을 채우고, 내가 그것에 대해 더 자주, 더 깊이 생각하면 할수록 늘 새로운 경외심과 존경심을 더해주는 것 두 가지가 있다. 머리 위에 별이 빛나는 하늘, 그리고 내 마음속의 도덕법칙.

칸트의 묘비에 적혀 있는 《실천이성비판》의 마지막 구절이다. 하늘의 별들은 자연법칙에 따라 움직인다. 그리고 우리 마음속에는 자연법칙 같은 양심이 깃들어 있다. 양심은 가장 올바른 결단이 무엇인지 일러준다. 그러나 눈을 밖으로 돌릴수록 양심의 목소리는 잦아든다. 출세한 사람들이 추켜세우는 가치가 내 양심의 소리보다 더 소중하게 들린다. 남의 떡은 항상 커 보이는 법, 남들이 지닌 재산과 명예도 양심의 눈을 흐리게 한다. 그러나 남들이 원하는 삶이 곧 바람직한 생활은 아니다. 스스로 결단을 내리지 못하는 삶은 늘 공허하고 초조하다.

칸트는 양심에 기대어 스스로 판단하는 법을 일러준다. 앞서의 세 방법을 칸트는 정언명법定言命法이라고 부른다. 정언명법은 양심이 우리에게 무조건 따르라고 내리는 명령이다. 양심은 변명을 허용하지 않는다. 양심에 어긋나는 일은 아무리 그럴싸한 변명을 늘어놓아도 마음이 편치 않다. 양심의 소리에 귀 기울이고 따를 때, 우리의 결단은 삶을 더 소신 있고 아름답게 만들어줄 것이다.

임마누엘 칸트Immanuel Kant는 1724년 봄 쾨니히스베르크(지금의 칼리닌그라드)에서 태어났다. 18세 때 쾨니히스베르크 대학에 입학했지만, 어려운 가정형편 탓에 당시로서는 늦은 나이인 31세에 박사학위를 받았다.

그 후 15년간 사강사私講師로 지내던 그는 베를린 학술 아카데미 논문 공모전에서 2등을 차지하며 명성을 얻었다. 1770년 마침내 탁월한 학문적 업적을 인정받고 쾨니히스베르크 대학 교수가 된다. 평생 동안 예외 없이 계속된 그의 하루 일과는 유명한데, 간단히 정리해보면 다음과 같다.

4시 55분, 하인 람페가 "일어나실 시간입니다."라는 말로 칸트를 깨운다. 그가 일어나기 전까지 람페는 절대 자리를 뜨지 않는다. 5시, 기상. 홍차 두 잔을 마시고 파이프 담배를 피운다. 잠옷, 덧신, 수면용 모자를 쓴 채 강의 준비를 한다. 7~9시, 정장을 입고 강의를 한다. 9시~12시 45분, 실내복으로 갈아입고 집필을 한다. 12시 45분, 점심시간에 초대한 손님들을 작업실에서 맞는다. 다시 정장 차림. 오후 1시~3시 30분, 점심시간이자 하루 중 유일한 식사시간. 오랜 시간 동안 손님들과 대화를 나누며 식사를 한다. 오후 3시 30분, 산책을 나간다. 비가 오거나 눈이 오거나 변함이 없다. 마을 사람들은 칸트가 산책 가는 것을 보고 시계를 맞출 정도였다고 한다. 저녁, 여행기 등 가벼운 책을 읽는다. 오후 10시, 절대적 안정 속에 잠자리에 든다.

이런 성실함으로, 그는 1781년 《순수이성비판》을 펴냈다. 칸트의 철학 글쓰기는 이후 《실천이성비판》, 《판단력 비판》을 거치며 죽을 때까지 쉬지 않고 계속되었다. 그는 평생 독신으로 살다 81세의 나이로 숨을 거두었다. 마지막으로 내뱉은 말은 "좋았어Es ist gut."였다.

"미성년의 원인은
이성이 부족한 데 있는 게 아니다.
다른 사람의 지도 없이
스스로 생각하려는 결단과 용기가
부족한 데 있다."

• 칸트 •

때로는 어리석음이
피곤한 세상을 이긴다

에라스무스

상처만 남은 감정 싸움

—

　싸움이 일어난 데에는 나름의 이유가 있을 것이다. 하지만 한참 치고 박다 보면 사람들은 왜 싸우게 되었는지를 잊어버린다. 감정이 격해져, 상대에게 상처 입히는 것 자체가 목적이 되어버린다. 이런 싸움의 결말은 어떨까? 지면 손해가 이만저만이 아니다. 하지만 이겨봤자 '상처뿐인 영광'만 있을 뿐이다. 망가진 상대방이나 내 처지나 별로 다를 게 없다.

　종교 개혁 시기, 유럽 사회도 이와 다르지 않았다. 당시 가톨릭

교회와 개신교 진영 사이에는 살벌한 논쟁이 벌어졌다. 삼단논법과 수사학 등 설득을 위한 온갖 정교한 기술들이 동원되었다. 마침내 양 진영은 피 흘리며 전쟁까지 치렀다. 그 결과는 어땠을까? 엄청난 사람들이 죽고 다쳤다. 그러나 세상은 더 살기 좋은 곳으로 바뀌지 않았다.

현대 사회에서도 이와 비슷한 싸움이 숱하게 벌어진다. 감정에 휘말려 피 튀기는 소송전을 벌이고 있는 사람들이 어디 한둘이던가. 가라앉는 시장의 점유율을 놓고 자존심을 건 한판 싸움을 벌이는 기업들도 적지 않다. 이렇듯 지면 체면을 구기고, 이겨봤자 실익도 없는 전쟁에 휘말리게 되는 까닭은 무엇일까?

우리에게 필요한 건 어리석음의 꿀
—

에라스무스의 《우신예찬》은 이 물음에 대한 혜안을 안긴다. 우신愚神은 '바보 여신'을 뜻한다. 이 책의 주제는 '어리석음에 대한 찬양'이다.

《우신예찬》에 따르면, 어리석음은 세상을 이끌어가는 힘이다. 예를 들어보자. 영리하고 잇속 빠른 사람은 결혼을 피해야 한다. 가정을 꾸리고 아이를 낳아 키우는 일은 보통 힘든 게 아니다. 그럼에도 사람들이 군이 결혼하는 까닭은 무엇일까? 바로 '어리석음' 덕분이다. 애인들 사이에 오가는, 오글거리는 사랑의 말을 들어보라. 얼마나 바보 같은가? 여인들은 출산의 괴로움을 금세 잊는다. 그러곤 또다시 아이를 갖는다. 이렇듯 어리석음은 우리가 사랑을 나누고 생명을 이어가는 데 더없이 큰 도움을 준다.

그뿐 아니다. 어리석음은 인간관계에서도 꼭 필요하다. 말끝마다 논리를 들이대며 이치를 따져대는 사람은 피곤하다. 적당히 어수룩하고 어딘가 빈구석이 있는 사람은 대하기 편하다. 왜 그럴까? 나 또한 상대와 똑같은 인간인 탓이다. 바보 여신의 말을 빌리자면, 우리는 "어리석음의 꿀"을 서로에게 발라가며 우정을 이어나간다.

죽이고 싶을 만큼 미운 사람이 있는가? 그렇다면 바보 여신의 충고를 떠올려보라. 상대도 인간이다. 나만큼이나 어리석고 욕심 많으며 이해심도 좁다는 뜻이다. 상대방이 완벽하리라는 기대를 하지 말아야 한다. 상대가 나에게 상처를 주었다고? 바보 같은 짓을 저질렀다고? 왜 그러면 안 되는가? 우리 사는 세상은 원래 어리석음으로 가득한 곳이다!

에라스무스는 바보 여신의 입을 빌려 이렇게 말한다. "원숭이는 자줏빛 주단으로 만든 옷을 입어도 여전히 원숭이다." 제 아무리 잘난 척 해봐야 인간은 거기서 거기라는 의미다. 이렇게 생각하면 날 선 마음이 가라앉으며 속이 편안해질 듯싶다.

하지만 한편으로는 의문도 생긴다. 에라스무스는 결국 좋은 게 좋다는 식의 '적당주의'를 주장하려는 건가? 술에 물탄 듯, 물에 술탄 듯 흘러가다간 세상이 엉망진창이 되어버리지 않을까?

물론, 에라스무스가 말하는 어리석음은 적당주의가 아니다. 오히려 '순진함'에 가깝다. 그는 당시 치열했던 기독교 신학 논쟁에 대해 이렇게 따져 묻는다. 그토록 정교한 논리를 내세우고 치열하게 논쟁을 벌여서 얻은 결과가 무엇인가? 세상은 올곧아지지도 않았고, 살림살이가 나아지지도 않았다.

진정 현명한 자들은 어리석다. 가톨릭 사제였던 에라스무스는 예수를 예로 든다. 예수는 복잡한 논리로 말싸움을 벌이지 않았다. 서로 사랑하고 남의 허물을 용서하며 욕심을 다스리고 살라고 했을 뿐이다. 진리는 단순하다. 반면, 세상에는 헛똑똑이들이 너무 많다. 온갖 이유를 끌어대며 명분을 만들고, 간단한 문제를 엄청난 갈등으로 키워버린다.

에라스무스는 우리에게 '현명한 바보'가 되라고 충고한다. 마음을 욱하게 만드는 자잘한 사실들을 쳐내며 문제를 단순화시켜보자. 이 싸움을 통해 내가 얻는 바는 무엇인가? 나는 어떤 상태에 다다르고 싶은가? 진리는 단순하다. 어느 종교에서나 어린아이

같이 살라고 강조하는 데에는 나름의 이유가 있다. 현명한 바보가 되라는 에라스무스의 조언에 귀 기울일 일이다.

데시데리우스 에라스무스Desiderius Erasmus는 1466년 경 네덜란드 로테르담에서 태어났다. 아마도 아버지는 성직자였던 것으로 짐작된다. 스물세 살 나이에 정식 수도사가 되었고, 그 후 캉브레의 주교 베르겐의 비서로 일하면서 학문을 계속할 기회를 얻었다. 에라스무스는 평생 동안 영국, 이탈리아, 프랑스, 스위스 등 유럽을 떠돌아다니며 '세계시민'으로 살았다.

라틴어에 정통한 학자로 명망 높던 그는, 《격언집》, 《기독교 전사를 위한 지침서》 등 당대 최고의 세계적인 베스트셀러 저자이기도 했다. 때문에 가톨릭과 개신교로 나뉘어 갈등을 빚던 당시 교회들은 그를 모셔가려 상당한 공을 들였다.

하지만 에라스무스는 개신교와 가톨릭 가운데 어느 한쪽을 편들지 않았으며 종교개혁의 수장격인 루터Martin Luther와도 일정하게 거리를 두었다.

그는 유럽 여러 곳을 돌아다니며 활동했다. 파리 대학 몬테귀 콜레주에서 유학하기도 했고, 영국으로 건너가서는 토머스 모어 등과 교류하며 대학에서 그리스어를 가르치기도 했다. 당시 사회를 통절하게 비판하며 순수한 생각의 가치를 찬양하는 《우신예찬》 역시 1509년 영국 방문 중 토머스 모어의 집에서 탄생하였다. 1536년 스위스 바젤에서 세상을 떠났다.

내 안의 열등감을
극복하는 방법

소크라테스

나는 왜 이렇게 못났을까

—

프로이트는 자기 자신을 똑바로 바라보기란 누구에게나 두려운 일이라고 말한다. 그래서인지 사람들은 자신의 부끄러운 점을 감추기 위해 허둥거리곤 한다. 몸무게로 고민하는 사람에게 "너 살 안 빼?"라고 말하면, 그는 마음의 상처를 받을 것이다. 빚 걱정으로 머리가 아픈 친구에게 "돈도 없는 게….."라고 말한다면, 그 뒷감당은 결코 쉽지 않을 것이고.

대개 공격적인 사람들은 의외로 겁이 많다. 우등생일수록 성적에 열등감을 느끼는 경우도 흔하다. 마찬가지로 친구가 많은 사람일수록 오히려 외톨이가 되지 않을까 하는 두려움에 시달리곤 한다. 이처럼 사람이라면 누구나 콤플렉스를 갖고 있으며, 혹시 남들이 이를 알아챌까 봐 전전긍긍한다.

물론 콤플렉스가 반드시 나쁜 것만은 아니다. 남들보다 뒤처질 지도 모른다는 걱정과 근심이 있어야 열심히 뛰게 되는 법이다. 외모에 대해 별 관심도, 열등감도 없는 사람이 옷차림에 신경 쓰 리는 없다. 미인일수록 자기 생김새에 대한 고민이 더 깊게 마련 이다.

그러나 콤플렉스가 마음의 병으로 굳어진다면 그건 문제다. 성적으로 큰 상처를 받은 학생은 그 때문에 고민하느라 정작 공부할 시간을 허비하기 일쑤다. 나아가 주눅이 든 나머지 다른 일에도 자신감을 잃어버리곤 한다. 이처럼 콤플렉스는 인생을 패배자로 만드는 주범이다.

콤플렉스 없는 사람은 없다. 그렇다면 어떻게 해야 콤플렉스 때문에 주저하지 않고, 이를 '더 나은 나'로 나아가기 위한 촉진제로 활용할 수 있을까? 여기에 대해 소크라테스의 삶과 철학은 훌륭한 답을 준다.

콤플렉스를 사랑한 남자

—

외적 조건으로만 따진다면, 소크라테스는 콤플렉스에 사로잡히기 딱 좋은 상황이었다. 일단 그는 심하게 못생겼다. 거친 피부에 개구리같이 툭 튀어나온 눈, 두꺼운 입술에 주저앉은 코, 산같이 솟은 배…. '소크라테스를 닮았다'라는 말이 그 당시에는 지독히 못생긴 사람을 가리키는 표현으로 쓰였을 정도다.

그렇다고 그가 부자였던 것도 아니다. 잘 알려져 있듯, 그의 아버지는 석수장이였고 어머니는 산파産婆였다. 그 시대로서는 흔치 않은 맞벌이 부부였던 셈인데, 그의 어린 시절 생활 수준은 중산층보다 약간 못한 정도가 아니었을까 싶다. 한마디로 집안도 내세울 것이 없었다는 뜻이다.

게다가 교육도 충분히 받지 못했다. 그때는 아버지의 직업을 물려받는 일이 흔했으니, 아마도 소크라테스는 보통 석수장이가 받는 읽기, 쓰기, 셈하기 이상의 고등교육을 받기 어려웠을 것이다. 물론 젊은 시절 그가 아낙사고라스Anaxagoras같이 뛰어난 철학자들을 쫓아다니며 배웠다는 기록이 있지만, 정식으로 수업료를 내고 배운 것 같지는 않다.

내세울 게 없기로는 사회 경력도 마찬가지였다. 그는 평생 제대로 된 직업을 가져본 적이 없었다. 전쟁에 참가해서 용맹을 떨쳤으나 지금으로 치면 '의무 복무'에 해당하는 군 생활이었고, 추첨으로 선출되는 관직도 딱 한 번 맡았을 뿐이다. 이렇듯 변변치 못한 경력에다 그 못생긴 외모로 시장통을 싸돌아다니며 평생을 보냈으니, 한마디로 어디 하나 잘난 데 없는 한량이라 할 만했다. 이런 사람이라면 당연히 콤플렉스를 느끼지 않았을까?

그러나 놀랍게도 소크라테스가 열등감에 시달리거나 자신의 신세를 한탄했다는 이야기는 그 어디서도 찾아볼 수 없다. 오히려 그는 자기 눈이 '사방을 잘 볼 수 있도록' 툭 튀어나왔으며, 코는 길고 똑바르지 않고 뭉툭해서 남보다 냄새를 더 잘 맡는다고 자랑할 정도로 자신의 못생긴 외모를 사랑했다.

그리고 소크라테스는 가난으로 괴로워하기는커녕 오히려 자부심을 느끼지 않았나 싶을 정도로 당당했다. 확실히 그는 돈을 못 번 것이 아니라 '안' 벌었다. 수많은 젊은이들이 그의 주변으로 몰려들었지만, 그 누구에게도 수업료를 요구하지 않았다. 그들과 자유롭게 대화할 뿐이었다. 그는 겨울에도 맨발로 다녔고, 겉옷 하나 걸친 것이 입성의 전부였는데도 전혀 주눅 들지 않았다.

흔히 그 사람의 얼굴에 나타난 표정대로 그를 대하는 현상을 거울 효과mirror effect라고 한다. 만약 내가 언제나 슬픈 표정을 짓고 있으면, 어느덧 사람들은 굳은 얼굴로 나를 대하기 시작한다. 반면 항상 쾌활하게 상대를 대하면, 상대 역시 웃는 얼굴로 나에게 다가온다.

소크라테스가 바로 그랬다. 지금은 '소크라테스 같다'는 말이

고민으로 우거지상을 하고 있는 사람을 표현할 때 쓰이곤 하지만, 본래 소크라테스는 친절하고 유쾌한 사람이었다. 마주치는 누구와도 기꺼이 즐겁게 대화했고, 어린아이들과 장난치는 것도 아주 좋아했다. 파티에 참석해서는 무용수들의 리듬 체조를 보며 "너무 많이 나온 배를 적당한 크기로 줄이기 위해" 이 운동을 하고 싶다고 농지거리를 던지기도 하고, 게임을 권하며 노래를 부르기도 했다.

"웃는 얼굴에 침 못 뱉는다."는 속담은 소크라테스에게 딱 들어맞았다. 이 구름 한 점 없이 유쾌한 지성인 주변에는 사람들이 끊이지 않았다. 그의 제자 플라톤이 소크라테스를 주인공으로 '대화편'을 남길 정도로 소크라테스는 아테네의 쟁쟁한 사람들과 수많은 대화를 나누었다. 아테네 최고의 재벌이었던 칼리아스, 지금의 아이돌 스타 이상으로 인기를 누렸을 미소년 알키비아데스, 야망으로 가득 찬 정치가 크리티아스, 뼈대 있는 명문가 자제인 귀족 청년 플라톤 등은 모두 소크라테스 주변에서 자주 볼 수 있는 사람들이었다. 더구나 그는 젊은 시절 '아테네 최고의 지성'으로 통하던 프로타고라스와도 논쟁을 벌였다. 우리 지성계에서 이러한 경지에 이르렀던 사람을 꼽으려면 천상병 시인 정도가 되지 않을까. 아무튼 거리의 철학자가 이토록 저명인사들과 스스럼없이 어울리는 일은 예나 지금이나 무척 드물다.

　　　　　　—— 서툰 인생을 위한 철학 수업

열등감을 자신감으로 바꾸는 주문

—

그렇다면 소크라테스는 어떻게 이토록 콤플렉스 없이 쾌활하고 활기차게 살아갈 수 있었을까? 그 비밀은 바로 "너 자신을 알라!"라는 유명한 격언 속에 숨어 있다. 사실 소크라테스는 이런 말을 한 적이 없다. 이 말은 델포이의 아폴론 신전 기둥에 적혀 있는 문구 가운데 하나일 뿐이다. 이 표현이 소크라테스의 말로 알려지게 된 사연은 이렇다.

젊은 시절 카에레폰이 아폴론 신전에 가서 그의 친구 소크라테스에 대해 물었다. "이 세상에서 소크라테스보다 더 현명한 사람이 있습니까?" 신탁을 주는 여사제가 말했다. "없다."

고대는 수많은 신이 존재하던 '종교의 시대'였다. 따라서 아폴론 신전의 신탁은, 지금으로 보자면 〈사이언스〉 같은 유명 학술지에 실린 과학 논문만큼이나 권위를 지니고 있었다. 자신이 세상에서 가장 무지한 사람이라고 생각하고 있었던 소크라테스는 이 소식을 듣고 큰 충격을 받았다. 그는 신탁이 잘못되었음을 증명하기 위해, 가장 현명하다고 알려진 사람들을 찾아다니며 묻고 또 물었다. 하지만 그럴수록 소크라테스는 그들 또한 자기만큼이나 진리에 대해 잘 모르고 있음을 확인했을 뿐이다.

소크라테스와 현자賢者로 알려진 이들의 차이는 오직, 자신은 아무것도 모른다는 사실을 알고 있는지, 아니면 이를 거짓된 자부심으로 감추고 있는지 밖에 없었다. 마침내 소크라테스는 깨달았다. 자신이 세상에서 가장 현명한 이유는 오직 자신만이 '아무것도 모른다는 사실을 정확히 알고 있기 때문'이라는 것을 말이다. 이른바 '무지無知의 지知'는 이런 깨달음을 일컫는 말이다. "너 자신을 알라."라는 아폴론 신전 기둥의 격언과 통하는 데가 있지 않은가? 결국 소크라테스는 "너 자신을 알라."라는 말을 '너 자신의 무지를 깨달아라'라는 뜻으로 받아들였던 것이다.

현대 심리학의 관점에서 본다면, '무지의 지'란 콤플렉스를 피하지 않고 똑바로 쳐다보는 태도에 견줄 만하다. 무식함을 감추려면 당황하고 고민하게 되지만, "그래, 나 무식하다!" 하고 털어놓고 나면 도리어 마음이 편해진다. 소크라테스는 딱 그런 사람이었다. 그는 자신의 단점에 주목하기보다 세상에서 진정 옳고 이로운 것이 무엇인지에 더 관심이 많았다. 콤플렉스 없는 사람은 세상에 대해 방어적일 이유가 없다. 그래서 그만큼 더 개방적이고 자유롭게 사람들을 대하게 마련이다.

그는 자기가 무식하다는 사실을 정확히 알았고, 그것을 부끄러워하기보다는 자신의 무지를 없앨 방법을 찾았다. 문제를 회피하기보다 적극적으로 해결하기 위해 나선 셈이다. 그러자 놀라운 발전이 이루어졌다. 아무것도 모르는 사람이 한 분야에 닳고 닳은 사람보다 문제의 본질을 더 잘 파악하는 경우가 있다. 선입견이 없기에 문제의 본질이 직감으로 와 닿는 덕택이다.

소크라테스가 바로 그랬다. 만약 그가 정식으로 수업료를 내고 수준 높은 교육을 받았다면, 프로타고라스, 고르기아스 등 엄청난 지식인들 앞에서 감히 입을 떼지 못했을 터다(우리 학생들도 고학년이 될수록 교사 앞에서 '알아서' 입을 닫지 않는가?). 그러나 천진난만한 소크라테스는 겁이 없었다. 과감히 묻고 의문이 풀릴 때까지 물러서지 않았다. 그러한 과정은 어느덧 소크라테스를 논쟁의 달인으로 만들었다.

"왜 자네는 이토록 심하게 하인을 벌주고 있는가?"

"이놈은 엄청 호사스럽게 먹기만 하는 바보니까 그렇지! 형편없는 게으름뱅이가 돈 욕심은 얼마나 많은지!"

"그런데 말이야, 지금 말한 기준대로라면 자네는 그대 자신과 하인 중에 누가 더 매를 맞아야 하는지 생각해본 적이 있나?"

소크라테스의 제자 크세노폰이 기록한 《소크라테스 회상》에 나오는 대화의 일부다. 보통 사람이라면 실례일 것 같아서 차마 못 던질 말이지만, 꾸밈없는 소크라테스는 전혀 주저하지 않았다. 의문 나는 내용을 특유의 유머 감각과 함께 그대로 표현하고 물었다. 그러면 상대는 큰 충격을 받고 깨달음을 얻곤 했다.

소크라테스의 대화 방법을 흔히 '산파술'이라 부른다. 산파는 아이를 낳는 사람이 아니라 아이를 낳도록 도와주는 사람이다.

마찬가지로 소크라테스도 지혜를 직접 제시해주는 것이 아니라, 대화를 통해 상대방이 스스로 지혜를 깨닫도록 도와줄 뿐이다. 곧 소크라테스의 산파술은 그가 직접 상대방에게 틀렸음을 가르쳐주지 않고, 상대방이 스스로 사유의 과정을 거쳐 자신의 생각이 잘못되었음을 깨닫게 하는 방법이다.

소크라테스는 콤플렉스로 왜곡되지 않은 순수한 시선으로 문제를 바라보고 의문을 던졌다. 그러면 상대는 이 예기치 않은 '순진한' 질문에 충격을 받고 자신의 무지를 깨닫는 경지를 경험하게 된다. 이렇게 볼 때 소크라테스는 '최초의 철학적 상담자'라 할 만하다.

병든 영혼의 치유법

—

그러나 콤플렉스에서 자유로운 사람은 많지 않다. 단점을 지적해주면, 겸허히 받아들이기보다 오히려 화를 내는 사람이 많다. 자신이 가르침을 받았다고 생각하기는커녕 공격받았다고 불쾌하게 여기는 탓이다.

소크라테스도 마찬가지였다. 이 순수한 마음의 철학적 상담자는 상대의 콤플렉스를 향해 곧바로 달려가는 산파술 탓에 적지 않은 적敵을 만들고 말았다. 결국 그는 '젊은이들을 타락시키고,

국가가 인정하지 않는 신을 믿는다'라는 죄명으로 사형 선고를 받기에 이르렀다.

소크라테스가 사형을 받은 이유를 고소장에 적힌 그대로 해석하는 사람은 거의 없다. 적국 스파르타에 대해 소크라테스가 항상 지지를 보냈다는 사실이 실질적인 이유라고 주장하는 학자들도 있지만, 아무리 그렇다 해도 거리의 기인奇人에 지나지 않는 취급을 받던 소크라테스가 이 때문에 사형장에 내몰릴 정도로 중요한 인물이었던 것 같지는 않다.

그 이유는 오히려 개인적인 원한에서 찾을 수 있겠다. 정신이 병든 사람들은 정말로 건강한 사람을 보면 마음이 불편해질 때가 있다. 그 사람을 통해, 그토록 보기 싫었던 자신의 썩은 내면을 비로소 의식하게 되기 때문이다. 콤플렉스를 집요하게 찔러대는 소크라테스는 젊은이들에게는 우상이었지만, 마음이 삐뚤어진 권력자들에게는 기피 대상이었다. 그의 공식적인 고발자였던 멜레토스, 아니토스, 리콘의 직업이 각각 시인, 정치가이자 장인匠人, 웅변가였다는 점에서 볼 때, 그는 당시 지식인들에게 거의 '공공의 적'이었을 것이다. 이런 사람들일수록 아부에 익숙하고 비판에 대응하는 능력이 떨어지는 법이니까.

콤플렉스 때문에 고민하고 있다면, 소크라테스를 자신의 철학적 상담자로 삼아보라. 그가 사람들과 나눈 대화는 제자인 플라톤에 의해 수십 편의 '대화편'으로 기록되어 있다. 경건, 정의, 지혜 등 각 '대화편'은 나름의 주제를 갖고 있다. 마음이 심란할 때면 해당 주제가 담겨 있는 '대화편'을 한번 펼쳐보자. 소크라테스는 나의 문제가 무엇인지를 정확하게 짚어줄 것이다. 2400년 전에 그가 아테네의 시장에서 그랬듯이 말이다.

소크라테스Socrates는 기원전 470년경 아테네에서 태어났다. 소크라테스는 포티다에아 공략전에서 위험을 무릅쓰고 부상당한 전우를 구출해냈으며, 일리온 전투에서는 병사들이 모두 도망친 가운데 병사로서는 유일하게 남아 장군과 함께 태연하게 전쟁터를 걸어나올 정도로 용감한 사람이었다. 그는 이 같은 용기를 사람들의 무지를 깨우쳐주는 데 썼다.

소크라테스는 사람들을 모아놓고 강연하거나 책을 쓰지 않았다. 단지 만나는 사람마다 붙잡고 묻고 또 묻는 일을 반복했을 뿐이다.

그는 날이 갈수록 '괴짜' 수준을 넘어서 권력자들에게 '위험 인물'로 여겨지기 시작했다. 그의 가르침은 젊은이들에게 권력자의 권위와 지혜에 대해 물음을 던지고 비판하는 능력을 키워주는 것이었기 때문이다. 결국 소크라테스는 '젊은이들을 타락시키고 신을 믿지 않는다'는 죄목으로 법정에 서게 되었고, 이때 그는 당당하게 자신의 무죄를 주장했다. 하지만 너무도 당당한 그의 모습에 반감을 느꼈는지, 아테네 사람들은 유죄를 선고했다.

하지만 그가 실제로 사형을 당하리라고 믿었던 사람은 많지 않았다. 유명인들은 보통 뇌물을 써서 탈출하곤 했으므로, 사형 선고는 단지 '망신 주기'에 지나지 않았다. 실제로 그의 여러 친구들이 돈을 모아 간수를 매수해놓기도 했다. 그러나 소크라테스는 친구들의 탈출 제안을 단호히 거절했다. 평생 다른 이들에게 법을 지키라고 말해온 자신이 스스로 법을 어길 수는 없다는 이유였다. 결국 그는 독약을 마시고 숨을 거두었다. 소크라테스는 자신의 신념을 지키기 위해 죽음을 택한 최초의 '철학의 순교자'였다.

나이 듦에
대처하는 자세

키케로

주름살이 두려워질 때

—

'사오정, 오륙도'는 농담이 아닌 현실이다. 나이 사십만 되어도 직장에서 쫓겨나기 일쑤고, 정년을 보장하는 직장은 점점 찾아보기 어려워진다. '연륜年輪'으로 존경받던 나이는 이제 두렵고 무서운 괴물이 되어가고 있다. 사회생활은 내 삶의 중심이다. 그런데 나이는 나를 직장과 사회에서 억지로 끌어내어 세상 변두리로 내팽개치려 한다. 그래서 나이 먹는 게 두렵고도 두렵다. 어느 나라에서나 '피터팬 증후군'이 판치는 데는 다 이유가 있다. 그렇다면 과연 나이 먹는 일은 나쁘기만 한 것일까? 슬기롭게 나이 듦을 받아들이는 방법은 없을까?

키케로는 이 물음에 훌륭한 답을 준다. 키케로에게는 별명이 많다. 그 가운데서도 '공무원 철학자'와 '완벽한 연설가'는 그의 특징을 잘 보여준다. 키케로는 로마인답게 사회생활과 의무를 무엇보다 중요하게 생각했다. 세상은 혼자 사는 게 아니다. 삶의 의미는 사람들과 부대끼며 사회에 봉사하며 살아갈 때만이 느낄 수 있다. 로마 원로원 의원에서 최고 직책인 집정관에 이르기까지, 평생을 '공무원'으로 보낸 그에게 이는 당연한 것이었다. '공무원 철학자'라는 말은 그래서 나왔다.

또한 그는 넘치는 교양과 튼실한 논리학 지식, 그리고 의무감으로 충만한 가슴을 지닌 '완벽한 연설가'였다. 그래서 사람들은 그를 '키케로 옴니움Cicero omnium', 즉 '모든 이들의 키케로'라고 불렀다. 키케로는 예나 지금이나 이상적인 삶과 사회생활을 위한 모델이 되는 인물이라 할 수 있다.

나이 듦은 또 하나의 가능성
—

이제 삶을 꿰뚫는 지혜를 갖춘 '만인의 키케로'에게 물음을 던져보자. "나이를 먹는 일은 두렵기만 한 것일까요? 나이 먹어도 대접받으며 당당하고 멋지게 사는 방법은 없을까요?"

뜻밖에도 키케로의 대답은 절망적이다. 키케로는 괜스레 대자연의 흐름에 맞서려 하지 말고, "포기하고 받아들여라."라고 충고한다. 가는 세월을 막을 수는 없다. 그 대신 나이 들어가는 현실 속에서 또 다른 가능성을 찾으라는 의미다.

어떤 젊은이가 올림피아 경기 때 살아 있는 황소를 어깨에 짊어지고 들어섰다지. 자네는 피타고라스같이 뛰어난 정신보다 이런 힘을 더 갖고 싶어 하는가? 체력이 버틸 동안에는 힘의 즐거움을 누리게나. 허나, 세월이 흘러 기운이 사라지면 더 이상은 바라지 말게. 청년들이 어린 시절로, 노인들이 젊은 시절로 돌아가기를 바라면 안 되는 게야. 대자연은 삶의 길을 하나로 정해놓았으니 그 과정을 따라가야 한다네. 그리고 삶의 각 단계에는 그에 걸맞은 특징들이 있지. 어린 시절에는 연약함, 청년에게는 격렬함, 중년에게는 무게 있음이, 그리고 노인에게는 무르익음이 그것이네. 시기마다 이런 특징들을 갖추어야 자연스러운 삶이라고 하겠지.

어린아이들에게는 부모 품을 떠나는 일이 두렵다. 엄마가 곁에 없으면 세상이 다 무너질 것 같다. 하지만 학교에 들어가 친구들과 어울리다 보면, 이내 새로운 즐거움이 찾아든다. 엄마 곁만 뱅뱅 맴돌던 자신이 바보같이 여겨지기까지 한다.

노년도 마찬가지다. 젊은이의 눈에는 나이 든 이들의 생활이 추레하고 아무런 낙이 없어 보일지 모른다. 그러나 그네들의 삶에는 그들만이 누릴 수 있는 즐거움이 있다. 키케로는 그의 책《노년에 관하여》에서 나이 듦에 대한 삐딱한 생각들을 하나하나 반박하며 풀어낸다.

첫째, 사람들은 나이가 들면 일을 할 수 없다고 생각한다. 물론 몸에서 힘이 빠지는 것은 사실이다. 그러나 이 때문에 무능해지지는 않는다. 노인은 자신의 경험을 살려 젊은이들을 가르치고 조언하는 등 자신에게 어울리는 일을 할 수 있다. "무릇 위대한 국가들은 젊은이들 탓에 무너지고 노인들에 의해 회복되었다." 나이 든 사람들은 대개 참을성 많고, 어려움이 닥쳐도 이에 꿋꿋하게 잘 맞서곤 한다. 큰 어른이 사라지면 집안의 분위기가 얼마나 불안해지는지를 떠올려보라.

둘째, 나이가 들어 체력이 떨어진다고 해서 걱정할 필요는 없다. 이는 대자연의 흐름일 따름이다. 약해지는 몸을 받아들이고, 그 대신 마음과 정신을 갈고닦는 데 더욱 힘써야 한다. 나이가 많아도, 정신은 노력하면 끊임없이 성장하고 강해질 수 있다.

셋째, 나이 많은 이들이라 해서 생활의 즐거움이 사라지는 것은 아니다. 무대의 먼 자리에서도 연극을 볼 수 있듯, 노인들도 젊을 때처럼 강렬하지는 않지만 쾌락을 느낄 수 있다. 성욕 같은 육체적인 쾌감에서 멀어졌다는 사실은 축복이기까지 하다. 얼마나 많은 어리석음과 범죄가 욕망 때문에 일어나는가!

누군가 소포클레스에게 늙어서 욕망을 느끼지 못하니 아쉽지 않느냐고 물었다. 그러자 현명한 그는 이렇게 말했다. "무슨 그런 끔찍한 말을! 욕망이라는 잔인하고 사나운 주인에게서 이제야 빠져나왔는데!" 나이 든 사람들은 젊은이보다 좀 더 남을 배려하고 이해할 줄 안다. 육체가 재촉하는 욕심에서 더 많이 벗어날 수 있는 까닭이다.

넷째, 한가한 노년만큼 배움과 학식에 빠지기 좋은 시절도 없다. 젊은 시절에는 무언가 이루어야 한다는 조급함에 휘둘리지만, 나이 든 이들은 더 이상 서두를 이유가 없다. 결승점에 다다른 사람은 다시 출발점으로 가기를 원치 않는다. 마찬가지로 제대로 삶을 보낸 이들은 '오랜 항해 끝에 마침내 항구에 들어서는 것처럼' 나이 듦과 죽음을 편안하게 받아들인다.

마지막으로 나이 들수록 죽음이 더 두려워진다는 생각도 사실이 아니다. 젊은이들에게도 지금 당장 죽음이 찾아올 수 있다. 노인의 죽음은 무르익은 과일이 땅에 떨어지듯 자연스러운 과정이다. 그러나 젊은이들의 죽음은 익지 않은 과일이 떨어질 때처럼 안타깝다. 그러니 나이 든 이들은 죽음을 훨씬 편안하게 받아들인다.

"삶의 각 단계에는 그에 걸맞은 특징들이 있지.
어린 시절에는 연약함, 청년에게는 격렬함,
중년에게는 무게 있음이,
그리고 노인에게는 무르익음이 그것이네.
시기마다 이런 특징들을 갖추어야
자연스러운 삶이라고 하겠지."

• 키케로 •

잘 가꾼 포도주가 명품이 된다

—

한마디로 키케로는 세월의 흐름을 자연스럽게 받아들이고 '체념'하라고 가르친다. 그러나 체념이 곧 인생 포기는 아니다. 어쩔 수 없는 운명은 받아들이되, 자신이 할 수 있는 부분은 최선을 다해야 한다. 그렇게 인생을 덕스럽고 가치 있게 변화시켜야 한다.

키케로의 말을 듣고 있으면 고개가 끄덕여지면서도, 한편으로는 불편한 마음이 솟구친다. 모든 노인들이 다 편안한 얼굴을 하고 있을까? 나이 들면서 오히려 더 괴팍해지는 이들도 많다. 젊은 이들 못지않게 욕심 부리는 노인들도 많지 않은가?

이러한 물음에 대해 키케로는 '자기 하기 나름'이라고 응수한다. "모든 포도주가 오래되었다고 다 시어지지는 않는다." 포도주는 정성스레 가꾸면 시간이 흐를수록 더욱 명품이 된다. 인생도 그렇다. 나이 듦 자체가 인생을 망가뜨리지는 않는다. 갈수록 엉망이 되는 이들은 자기 관리를 못했기에 그렇다.

키케로는 삶에서 '의무'와 '여가'를 강조한다. 인간은 누구나 사회에서 자신이 맡아야 할 역할이 있는 법이다. 주어진 일과 의무는 나이와 상황에 따라 달라지게 마련이다. 때로는 역할에서 밀려나고 의무가 사라질 때도 있다. 그럴 때는 여가를 충실하게 보내야 한다. 쓸데없는 일로 주어진 여유를 낭비하지 마라.

키케로는 라틴어의 '후마니타스humanitas'를 이렇게 푼다. 이 낱말에는 '인간 사랑humanity'이라는 뜻도 있지만, '교양을 쌓음'이라는 의미도 있다. 곧 교양을 쌓아야 인간 대접을 받는다는 의미다. 언젠가 사오정, 오륙도가 되어 밀려나지 않을까 걱정되는가? 그렇다면 좌절하기 전에 자신을 가꾸는 데 더욱 매진하라. 삶은 의무를 통해서도 완성되지만, 주어진 여유 속에서 자기를 얼마나 관리하느냐에 따라서도 달라진다.

아테네의 위대한 정치가 솔론Solon은 "나는 매일 무엇인가를 더 배우면서 노인이 되었다."라고 말했다. 매일 자신을 가꾸는 삶 속에서 나이 듦은 결코 두려움이 아니다. 조기 퇴출의 시대, 불안한 삶을 다잡는 마음 자세는 늘 솔론의 시구詩句 같아야 한다.

마르쿠스 툴리우스 키케로Marcus Tullius Cicero는 기원전 106년 아르피눔에서 태어났다. 어린 시절부터 시를 쓰고 말을 하는 데 재능을 보였다.

당시 로마는 '연설가의 공화국'이라고 불릴 정도로 수사학과 연설을 가르쳐주는 학원이 많았다. 사회생활을 잘하려면 남을 잘 설득하고 사람들 앞에서 말을 잘해야 했던 까닭이다. 키케로도 어린 시절부터 말 잘하는 교육을 받았다. 하지만 그는 단순히 말하는 방법만 익히던 여느 청년들과는 달리 유명한 철학자들에게서 제대로 철학을 배웠으며, 관직 생활을 통해서 삶에 대한 가치관을 다진 '완벽한 연설가'였다.

키케로는 기원전 75년부터 로마인이라면 누구나 선망하는 출세 코스를 밟기 시작하여, 기원전 63년에는 로마공화국의 최고 직책인 집정관에까지 올랐다.

키케로의 집안은 귀족이 아니었다. 그렇다고 엄청난 재산이나 군대 배경이 있는 것도 아니었다. 순전히 '말의 힘'으로 최고 관직에 오른 그를 가리켜 당시 사람들은 '정치 신인'이라 불렀다고 한다. 그와 같은 사례가 전에는 없었던 까닭이다.

하지만 로마는 국력이 강해지면서 점점 황제가 지배하는 제국으로 향해가고 있었다. 여럿이 토론하고 의견을 모으는 공화국의 방식으로는 거대해진 나라를 다스리는 데 한계가 있었기 때문이다.

제국으로의 길을 열었던 카이사르가 암살되자 키케로는 공화국을 다시 부활시키기 위해 힘을 쏟는다. 하지만 당시 권력자였던 안토니우스를 비난한《필리포스에 대항하여》라는 책을 써서 미움을 샀고, 결국 기원전 43년 죽음을 맞는다. 안토니우스가 보낸 군인들은 그의 목과 손을 잘라 그가 연설했던 로마의 연단 위에 전시했다고 한다.

허둥대는 일상과
작별하고 싶을 때

세네카

죽을 때까지 분주한 것이 그렇게 부럽습니까?

—

　　현대인들은 참 바쁘다. 경쟁은 억 소리 날 만큼 치열하다. 잠시라도 멈추면 뒤처질 듯싶다. 그래서일까, 우리 시대에는 바쁜 생활이 당연하게 여겨진다. 한가해지면 마음은 되레 불안해진다. 능력이 부족해 나를 찾는 사람이 없는 것 같아서다. 사람 만날 약속이 줄어들어도 초조해진다. 나의 존재감이 약해지지 않았는지 걱정되어서다.

　　어느덧 정신없이 바쁜 생활은 내가 얼마나 유능한지, 얼마나 잘나가는 사람인지 보여주는 잣대처럼 되어버렸다. 하지만 이렇게 사는 모습이 과연 바람직할까? 로마시대 철학자 세네카는 우리에게 이렇게 되묻는다. "죽을 때까지 분주한 것이 그렇게 부럽습니까?"

그는 인생을 항해에 견준다. 배를 몰고 바다에 나갔다 생각해보자. 풍랑에 휩싸여 이리저리 휘둘리느라 뱃사람들은 무척 바쁘게 움직였다. 그러나 목적지에는 근처에도 다다르지 못했다. 이 경우를 제대로 '항해'했다 할 수 있을까?

부산하기만 한 인생도 다르지 않다. 바지런히 사는 것만이 능사는 아니다. 내 삶이 목적을 향해 나아가고 있는지가 중요하다. 세네카는 말한다. "우리가 사는 것은 인생의 일부분에 지나지 않는다. 나머지는 그냥 시간을 흘려보낼 뿐이다." 그의 주장을 더 들어 보자.

"얼마나 많은 사람들에게 재산은 무거운 짐인가! 얼마나 많은 사람들이 자기 재능을 보여주려 매일매일 피 말리며 살고 있는가! 얼마나 많은 사람들이 쉴 새 없는 향락으로 창백해지고 있는가! 얼마나 많은 사람들이 자신에게 도움을 청하려 밀려드는 이들 탓에 잠시도 자유를 누리지 못하고 있는가!"

사람들은 재산을 지키고 자신의 유능함을 뽐내고 남의 일에 신경 쓰느라 정신이 없다. 정작 자기 자신을 위한 시간은 거의 내지 못한다. 이런 사람들일수록 일터에서 밀려날까 봐 전전긍긍하게 마련이다. 인간관계에서 소외되는 것도 견디지 못한다. 일과 사회생활을 빼고 나면 자신의 삶이라 할 만한 것이 없기 때문이다. 이런 사람들은 여유가 주어져도 누리지 못한다. 일이 힘들다며 늘 투덜대지만, 정작 자유가 주어지면 어찌할지 몰라 당황한다. 술과 오락 등으로 자유를 의미 없이 '탕진'하는 이들이 어디 한둘이던가.

제대로 삶을 가꾸고 싶다면

—

인생을 튼실하게 제대로 살려면 어찌해야 할까? 세네카는 우리에게 "더 고요하고 더 안전하고 더 중요한 세계로 물러나라."고 권한다. 그는 시간을 현재와 미래, 과거로 나눈다. "현재는 짧고, 미래는 불확실하고, 과거는 확실하다." 미래는 늘 불안하고 현재는 항상 순식간에 지나가버린다. 그러므로 미래에 맞추어 현재를 사는 인생은 늘 허둥댈 수밖에 없다.

제대로 삶을 가꾸고 싶다면 우리는 과거를 곱씹어보아야 한다. 과거는 숱한 실패의 기록이 재워져 있는 '지혜 창고'다. 삶을 헛되이 보낸 자들은 예전에도 있었다. 애먼 일에 잘못된 열정을 쏟는 광경도 어느 시대에나 찾아볼 수 있다.

이들의 모습을 찬찬히 살펴보라. 그리고 이들에게 던진 현자들의 가르침도 찾아보자. 지금 내가 어떻게 살아야 할지가 분명하게 다가오지 않는가? 옛 군주들의 교육에서 역사를 중요하게 다룬 까닭은 여기에 있다.

하늘 아래 새로운 것은 없다. 예나 지금이나 인간은 고난과 갈등을 겪고 성장과 실패를 거듭하며 늙어간다. 우주의 관점에서 바라보면 지금의 우리 시대, 내 삶도 별다를 게 없다. 과거를 살피며 교훈을 얻는 사람은 예전의 실수를 거듭하지 않는다.

급할수록 뒤로 물러서 바라보라
—

세네카 시대의 철학자들은 '스콜레scholē'를 강조했다. 스콜레는 '여유'라는 뜻이다. 눈앞에 닥친 일들에만 매이다 보면 내 인생도 작아져버린다. 급할수록 뒤로 물러서 크게 보아야 한다. 세네카를 비롯한 스토아 철학자들이 "우주적 관점에서 바라보라."고 충고하는 이유다.

큰 경영자들 가운데는 '은둔형 인간'이 적지 않다. 그들은 고요히 과거를 되짚고 현재를 바라보며 변화의 본질을 꿰뚫는다. 훌륭한 운동선수는 감독의 입장에서 상황을 바라본다. 쉴 새 없이 변하는 상황에서도 큰 그림을 그리며 게임을 풀어간다는 뜻이다.

변화의 속도는 점점 빨라지고 경쟁의 강도도 더욱 높아지는 시대다. 이럴 때일수록 한 호흡 쉬어가며 성찰하는 능력이 더욱 절실하다. "분주한 자들의 인생이 가장 짧다."는 세네카의 충고에 귀 기울일 일이다.

루키우스 안나이우스 세네카Lucius Annaeus Seneca는 기원전 4년 오늘날의 에스파냐 코르도바에서 태어났다. 어릴 때 로마로 가 그곳에서 성장하며 정치가가 되는 것을 목표로 여러 교육을 받았다.

허약했던 그는 이집트에서 요양을 하고 31년경 로마에서 정치 활동을 시작했다. 하지만 그의 공직생활은 평탄치 못했다. 칼리굴라 황제의 미움을 샀을뿐더러, 41년에는 클라우디우스 황제가 그를 코르시카로 추방하기까지 했다.

49년이 되어서야 다시 로마로 돌아온 세네카는 50년에 집정관에 올랐으며, 근위대장인 부루스 등과 친분을 쌓았다. 나아가 훗날 황제의 자리에 오르는 네로의 스승이 되는 등 정치인으로서 최고 전성기를 맞았다.

62년 부루스가 죽자 세네카는 정치에서 은퇴했지만, 이후 황제를 암살하려 했다는 혐의로 자살할 것을 명령받고 생을 마감했다.

그는 정치인일 뿐만 아니라 뛰어난 철학자이자 극작가이기도 했다. 〈화에 대하여〉, 〈행복론〉 등 12편의 '대화'와 7권으로 된 《자연현상 연구》 등의 저작을 남겼으며, 오늘날까지 전하는 로마 비극 9편 역시 세네카의 작품이다.

"우리가 사는 것은
인생의 일부분에 지나지 않는다.
나머지는 그냥 시간을 흘려보낼 뿐이다."

· 세네카 ·

죽음,
그 두려움에 대하여

키르케고르

내 생애 가장 끔찍한 일

—

　사람은 모두 죽는다. 하지만 이 세상을 떠나는 이의 마지막 순간을 우리 눈으로 직접 보는 일은 극히 드물다. 부고를 통해 죽음을 알고, 장례식장에서 사자死者의 영정을 볼 뿐이다.

　사회는 인간의 죽음만이 아니라 모든 죽음을 철저하게 숨긴다. 우리 밥상에 올라오는 쇠고기나 돼지고기는 분명 '죽은' 소와 돼지의 몸이다. 하지만 우리는 쇠고기와 돼지고기가 마치 처음부터 '식품'이었던 것처럼 아무렇지도 않게 먹는다. 소와 돼지

　　　　　　　　　　　—— 서툰 인생을 위한 철학 수업

를 잡는 일은 은밀하고도 외따로 떨어진 도축장에서 이루어지기 때문이다.

이런 탓에 우리 일상에서 죽음은 언제나 '남의 일'로만 여겨진다. 나도 언젠가는 늙고 병들고 죽을 운명이라는 것이 자명한 사실인데도 말이다. 만약 자신의 죽음에 대해 항상 고민하는 사람이 있다면, 그는 치료가 필요한 우울증 환자로 여겨질 따름이다.

그렇다면 사회는 왜 이렇게 죽음을 철저히 외면하고 숨길까? 그 답을 찾기란 어렵지 않다. 죽음은 끔찍하고 두려운 것이기 때문이다. 공포에 짓눌린 사람이 삶을 제대로 꾸려나가기는 쉽지 않다. 따라서 우리는 젊음과 발전하는 미래가 영원히 나와 함께 하리라는 착각 속에서 하루하루를 살아간다. 거리를 거닐어보라. 광고 속 모델들은 언제나 젊고 아름답다. 하지만 이들이 늙고 지치면 즉각 새롭고 발랄한 인물로 교체된다는 점은 잊기 쉽다.

죽음은 삶을 감미롭게 만드는 묘약
—

그러나 아무리 눈가림을 한다 해도 삶은 근본적으로 공허하고 허무하다. 즐겁고 유쾌한 사람도 마음은 항상 2퍼센트 부족하고 헛헛하다. 누구나 죽음을 맞이해야 하며, 결국은 자신이 누리고 있는 모든 쾌락을 놓아야 하기 때문이다.

애써 못 본 척 도망 다닌다고 문제가 해결되지는 않는다. 괴로움을 해결하려면 두 눈 부릅뜨고 문제의 핵심과 맞부딪쳐야 한다. 하지만 많은 이들의 경우 죽음의 두려움에 대처하는 자세는 코앞에 닥친 시험을 대하는 학생의 태도와 별반 다르지 않다.

어떤 학생들은 시험이 너무 걱정되면서도 차마 책상 앞에 앉을 엄두를 내지 못한다. 텔레비전도 보고 게임도 하며 시험 걱정을 떨쳐버리려 하지만 그것도 잠시, 마음은 점점 조급해지고 시험은 더욱 공포스럽게 다가온다. 그리고 그 결과는 철저하게 망가진 생활과 형편없는 성적표로 남게 된다. 시험에 대처하는 유일한 방법은 냉정한 현실을 인정하고, 지금이라도 책상 앞에 앉아 공부를 시작하는 것밖에 없다.

죽음도 마찬가지다. 외면하지 말고 두 눈 부릅뜨고 죽음을 노려보라. 그러면 죽음은 의외로 삶을 감미롭게 만드는 묘약으로 다가올 것이다. 예를 들어, 멜로드라마의 주인공은 불가사의할 정도로 자주 불치병에 걸린다. 주인공의 죽음으로 사랑을 누릴 시간이 얼마 남지 않았을 때, 그 절박함이 사랑의 감동을 더 크게 불러일으키기 때문이다. 굳이 텔레비전 드라마를 예로 들지 않아도, 지금의 직장생활이 영원히 계속된다면 어떨까? 하루하루가 싱겁고 지루한 반복으로만 여겨질 터다. 그런데 내일이 퇴직하는 날이라면? 무심코 지나쳤던 근무 시간이 매 순간 소중한 의미와 기억으로 새삼 다가올 것이다.

그뿐 아니다. 어떤 일의 가치는 그 마지막을 생각할 때 제대로 짚을 수 있다. 주변에서 누군가를 질책할 때, "너 그러다가 나중에 어떻게 되려고 그래?"라는 말을 하곤 한다. 내가 어떻게 살아야 할지는, 지금의 내 생활이 어떤 결과로 맺어질지를 떠올려보면 쉽게 답이 나온다.

결국 우리네 삶은 유한하기에 더욱 귀중하고 가치 있다. 철학자들이 죽음을 만병통치약처럼 삶의 시약試藥으로 사용하는 이유도 여기에 있다. 어떻게 살아야 할지 갈피를 잡기 어렵다면 '내' 삶의 마지막 장면을 떠올려보라. 지금 당장 죽음이 찾아온다면, '나'는 지나온 삶에 만족하며 편안히 눈감을 수 있을까? 그렇지 않다면 '나'는 어떻게 살았어야 했는가? 나아가 지금 당장 삶에 대한 나의 태도는 어떠해야 할까?

있는 힘을 다해 절망하라
—

덴마크의 철학자 키르케고르는 죽음의 의미를 좀 더 체계적으로 살펴보는 도식을 가르쳐준다. 고독한 댄디였던 이 철학자는 마흔을 갓 넘긴 나이에 요절하고 말았지만, 그의 가르침은 여전히 우리에게 깊고도 큰 울림으로 다가온다. 키르케고르는 그의 책 《이것이냐 저것이냐》에서 삶과 죽음에 대한 태도를 세 단계로 나누어 설명한다.

첫 번째는 '미학적 단계'다. 이 단계에 해당하는 삶의 특징은 '지겨움'이다. 사람들은 쾌락과 호기심에 집착하며 살아간다. 그렇지만 일상의 즐거움은 그 어떤 것도 영원하지 않다. 사람들은 지겨움에서 벗어나려고 또 다른 쾌락을 찾아 끊임없이 옮겨 다닌다. 연애 '선수'들을 예로 들어보자. 누군가를 열렬히 사랑하다가도 곧 애정이 식고 만다. 그러면 또 다른 이상형을 좇아 그에게 매달리고, 다시 사랑은 달아올랐다가 식기를 반복한다. 한 가수에 대한 관심이 새로운 연예인에 대한 열정으로 끊임없이 대체되는 경우도 그렇다.

이 단계에서는 새로운 쾌락이 가슴을 채워준다 해도 마음의 공허함을 끝끝내 떨칠 수 없다. 쾌락은 채워지면 채워질수록 더 큰 자극을 바란다. 따라서 삶도 점점 지루해지고 공허함과 짜증이 가시지 않는다. 그러니 쾌락을 좇으면서도 늘 못마땅하고 불안하다. 이때 인생을 성공적으로 이끈 사람은 '자기 자신의 주체적 결단'에 의해 삶의 다음 단계로 도약한다.

두 번째 '윤리적 단계'는 "나 마음잡고 일하기로 했어."라고 결심할 때와 비슷하다. 일시적인 쾌락만을 좇는 삶은 안정적인 사회생활을 어렵게 한다. 남들이 우러러보는 지위에서 존경받으며 살고 있는 사람들을 떠올려보라. 이들은 삶의 대부분을 '의무' 속에서 보낸다. 놀고 싶고 쉬고 싶은 욕구를 참으며 실력을 쌓기 위해 노력하고, 지금도 자기가 하고 싶은 일보다는 자신에게 주어진 임무를 성실하게 수행하는 데 온 신경을 쏟고 있다.

물론 윤리적 단계에서의 삶은 미학적 단계만큼이나 고루하고 재미없다. 그렇지만 윤리적 단계에 이른 이들은 지루한 일상을 성실함으로 채운다. 모범생이나 성실한 직장인들이 나날이 반복되는 생활을 변함없이 성실하고 꼼꼼하게 처리하는 것처럼 말이다. 확실히 윤리적 삶은 미학적 삶이 주지 못했던 안정적이고도 견실한 삶의 기초를 제공해준다.

그럼에도 윤리적 삶은 여전히 허전하다. 정신과 의사들은 성실한 가장도 40대를 전후로 이른바 '중년의 위기'라는 심각한 혼란과 갈등을 겪는다고 말한다. 사회적으로 성공하고 인정받는 것이 과연 행복한 삶의 보증수표가 될 수 있을까? 오히려 그렇지 않은 경우도 많다. 인정과 칭찬에 대한 목마름은 아이나 어른이나 똑같다. 아이들도 칭찬해주면 좋아하고, 흰머리 희끗한 어른들도 주변의 인정과 격려에 힘을 얻는다. 하지만 박수 받는 순간이 사라지고 나면 어떤 상황이 기다리고 있을까? 눈앞에는 결코 사라지지 않을 여러 의무들과, 자신이 누렸던 영광을 호시탐탐 노리는 다른 경쟁자들이 있을 뿐이다. 이런 사실을 깨닫는 순간, 삶은 더욱더 고단해진다. 윤리적 삶은 그 자체로는 삶의 구원이 되지 못한다.

인간은 마지막 '종교적 단계'에 와서야 비로소 구원의 실마리를 찾을 수 있다. 종교적 단계는 우리 삶이 결국은 죽음으로 끝남을, 그리고 누구도 완전하고 영원하지 못함을 깨닫는 단계다. 키르케고르는 말한다. "있는 힘을 다해 절망하라!"

죽음은 최고의 절망이다. 그러나 제대로 절망해본 사람만이 인생을 올곧게 꾸려나간다. 삶을 비추던 화려한 스포트라이트들은 죽음과 함께 내게서 떠나갈 것이다. 누구도 나를 대신해 죽을 수 없으며, 죽음의 순간 '나'는 모든 것을 잃은 채 홀로 운명을 받아들여야 한다.

키르케고르는 우리에게 '신 앞에 선 단독자'가 될 것을 요구한다. 일상의 순간순간을 그 어떤 것에도 의존하지 말고, 신 앞에 홀로 선 채 심판을 받는다는 기분으로 생활하라는 뜻이다. 우리는 남들의 칭찬에 순간적으로 춤을 추었다가 아무것도 아닌 비난에 한없이 절망한다. 하지만 죽음의 순간에는 결국 혼자임을 기억하라. 삶에 대한 최종 평가는 남이 아닌, 결국 자신과 신에 의해 내려진다.

따라서 우리는 내면의 소리에 끊임없이 귀 기울이며 반성하는 삶을 살아야 한다. 자신이 원하는 바가 과연 옳고 의미 있는지, 제대로 된 삶을 걸어가고 있는지 주의 깊게 반성하는 태도로 나날을 채워나가야 한다. 키르케고르는 인생을 한 단계 높이기 위해서는 '자기 자신의 주체적 결단과 도약'이 필요하다고 말했다. 그 도약은 바로 죽음을 제대로 인정하고 바라볼 때 이루어진다. 은

퇴하는 날 자신이 갖추고 있을 이상적 모습을 생생하게 마음에 새기고 있는 사람이 긴장감 있게 자신의 임무를 잘 이끌어나가는 것처럼 말이다.

충만한 의미로 가득 찬 삶
—

　　키르케고르는 자신을 '코펜하겐의 소크라테스'라 부르곤 했다. 그러면서 "너 자신을 알라."는 소크라테스의 가르침을 항상 강조했다. 그는 소크라테스의 이 말을 '자신의 한계와 문제를 회피하지 말고 정확히 바라보라'는 뜻으로 해석한다.

　고난은 우리를 힘겹게 하지만, 이 때문에 인생은 더 행복해질 수 있다. 난관을 극복하는 과정에서 강한 쾌감을 얻는 까닭이다. 마찬가지로 인생 최후, 최고의 '절망'인 죽음도 그렇다. 진정한 친구는 상대방의 가치를 한결 높게 이끌어준다. 이 점에서 죽음과 행복한 삶은 좋은 친구다. 죽음을 늘 의식하며 진지한 자세로 살아갈 때, 우리네 일상은 충만한 의미로 가득 찰 것이다.

쇠렌 키르케고르 Søren Kierkegaard 는 덴마크 코펜하겐에서 자수성가한 상인의 8남매 중 막내아들로 태어났다. 독실한 기독교 신자였던 그의 아버지는 그에게 신앙에 따른 엄격한 교육을 시켰다.

목사 시험에 합격한 키르케고르는 열여섯 살의 소녀 레기네 올센과 약혼했다. 번듯한 삶이 시작되는 순간, 키르케고르는 주저하며 물러섰다. 스스로의 '방탕한' 과거에 비추어볼 때 자신은 순결하고 명랑한 올센과 결혼할 자격이 없다고 생각한 것이다. 결국 그는 파혼하고 베를린으로 '도피성 유학'을 떠나버린다.

그 후 키르케고르는 맹렬한 속도로 글을 써나갔다. 불과 4년 남짓한 기간 동안 《이것이냐 저것이냐》, 《공포와 전율》, 《반복》, 《철학적 단편》, 《불안의 개념》 등 굵직한 책들이 연달아 출판되었다. 1846년, 서른세 살의 키르케고르는 《철학적 단편에의 완결적 비학문적 후서後書》라는 책을 출간했다. 책의 제목이 암시하듯, 그는 이로써 저작 활동을 마무리하고 지방으로 내려가 목사로 살고자 한 듯하다. 그러나 이 무렵 그를 진흙탕 논쟁으로 끌어들이는 사건이 일어났다. 황색 신문인 〈코르사르〉의 편집장이 그의 책을 비열하게 비판한 것이다. 〈코르사르〉는 지속적으로 키르케고르를 '거리의 소크라테스'라며 조롱했다.

1854년, 그는 교회를 둘러싼 또 다른 논쟁에 말려들었다. 그는 독실한 기독교 신자였지만 교회에 대해서는 비판적이었다. 당시의 교회는 단순한 관습과 제도로 굳어버렸다는 것이다. 1855년 10월의 어느 날, 키르케고르는 교회와의 논쟁으로 기진맥진한 채 거리에서 졸도해버렸다. 그로부터 한 달 뒤, 그는 마흔두 해의 짧은 삶을 마감하고 말았다.

어떻게 사는 게 잘사는 걸까

철학에 행복을 묻다

"네가 바라는 대로 세상의 일들이

마땅히 일들이

벌어지기를 바라지 말고,
진행되어야 할 바대로 되기를 원하라."

제대로 된
휴식을 위한 철학

아리스토텔레스

쉬어도 쉬는 것 같지 않다
—

　졸부의 삶은 부럽지 않다. 그가 가진 돈에는 끌릴지 몰라도 그의 생활에는 눈살을 찌푸리게 되는 탓이다. 아리스토텔레스는 자유인의 조건으로 여가餘暇, 즉 스콜레를 내세운다. 돈벼락 맞은 졸부는 일할 필요가 없다. 그러나 일에서 놓여났다 해서 여가가 절로 꾸려지지는 않는다. 여가를 누리기 위해서는 치열한 노력이 필요하다. 이 무슨 말일까?

　직장인 가운데는 휴일만 바라보고 사는 사람들이 적지 않다. 하지만 그들은 쉬는 날을 어떻게 보낼까? 상당수가 '카우치 포테이토couch potato'가 되어 하릴없이 하루를 보낸다. 스마트폰과 TV 리모컨을 만지작거리며 시간을 날려버리는 식이다. 이들은 쫓기는 일상과 늘어지는 휴일을 반복하며 세월을 보낸다.

이렇게 인생을 사는 사람들은 직장에서 밀려나는 게 두렵다. 일에서 놓여난 순간, 한없이 주어질 시간을 어찌 감당할지 모르는 탓이다. 그래서 이들은 일터에 더더욱 매달린다. 어찌 보면 이들은 '자발적 노예'에 가깝다. 노동을 내켜하지 않지만, 한정 없는 휴식은 더 두렵다. 그래서 이들은 일 안 해도 되는 처지에도 일거리를 찾아 나선다.

두뇌가 자유로워지는 순간

—

이쯤 되면 아리스토텔레스가 왜 스콜레를 자유인의 조건으로 꼽았는지 분명해진다. 달고 짜고 기름진 음식은 별 노력 안 해도 맛있게 다가온다. 하지만 몸에 좋은 음식에 입맛이 당기려면 미각을 훈련해야 한다.

여가도 다르지 않다. 식욕, 성욕, 수면욕을 채우기 위한 휴식에는 연습이 필요 없다. 그러나 이런 쾌감에 필요 이상으로 매달릴 때, 우리는 변태가 되어버린다. 진정 자유인으로 살고 싶다면 말

초적인 욕망이 아닌 것으로 여가 시간을 채울 수 있어야 한다. 어떻게 해야 이런 '경지'에 이를 수 있을까?

휴일이 더 바쁜 사람들이 있다. 그들은 여가 생활을 하며 쉬는 날을 보람차게 보낸다. 주말마다 악기에 매달리거나, 자신이 즐기는 스포츠에서 더 좋은 기록을 얻기 위해 오롯이 연습하는 모습을 보라. 이들의 '휴식 시간'은 일할 때만큼이나 치열하다. 과연 이렇게 여가를 보내는 모습이 바람직할까? 혹시 그들은 일해야 할 순간에 '노는 데 지쳐서' 나가떨어지지는 않을까?

그러나 이들이야말로 여가를 제대로 누릴 줄 아는 '자유인'임을 놓쳐서는 안 된다. 아리스토텔레스에 따르면, 인간의 행복은 탁월함arete을 좇는 데 있다. 좋아하는 일에 정신없이 빠져 있는 몰입flow의 순간은 우리가 진정으로 휴식을 누리는 때이기도 하다.

두뇌는 '자극 중독자'다. 호기심 많은 우리의 뇌는 바스락거리는 소리, 사소한 속닥임에도 끊임없이 신경을 쫑긋거린다. 두뇌가 좀처럼 쉬지 못하는 이유다. 자본주의는 이런 뇌의 단점을 파고든다.

스마트폰, 텔레비전은 '시간 도둑'이다. 이것들을 들여다보고 있으면 시간이 물 흐르듯 사라지지 않던가. 그렇게 보낸 휴식은 뒤끝이 좋지 않다. 머릿속은 더 흐릿해지고 몸은 물에 젖은 솜처럼 무겁기만 하다. 자극에 휘둘리느라 두뇌가 제대로 쉬지 못한 탓이다.

여가 활동에 오롯이 빠져 지낸 휴가는 어떨까? 악기 연주, 스포츠, 미술 활동 등을 '좋은 취미'라 하는 데는 그만한 이유가 있다. 자신의 가능성을 한껏 틔우는 창조적인 일, 재미와 보람을 안기는 활동에 몰입한 순간은 그 자체로 휴식이다. 무엇에 제대로 빠져 있는 순간, 영혼을 잡아끌던 자극들은 잊히게 된다. 심지어 우리는 시간의 흐름조차 잊어버린다. 두뇌는 즐거움을 주는 활동 외에 어떤 것에도 주의를 쏟지 않는다. 좋은 활동에 집중할수록 두뇌가 쉴 수 있는 이유다.

게다가 몰입의 순간에서 빠져나온 찰나, '기분 좋은 피로감'이 우리를 감쌀 것이다. 때문에 우리는 걱정을 내려놓은 채 만족스럽게 잠에 들고 상쾌하게 깨어난다. 이렇듯 제대로 쉬고 싶다면 좋은 여가를 꾸려야 한다. 어영부영 빈둥빈둥 보내는 휴식은 되레 몸과 마음을 지치게 할 뿐이다.

좋은 영혼을 가꾼 사람이 여가를 누린다
—

세키몬石門 학파는 일본의 노동 윤리를 세웠다. 그들은 '제업즉수행諸業則修行'을 앞세운다. 이는 "일 자체가 수양"이라는 뜻이다. 돈이 목적인 일은 일일 뿐이다. 이 경우, 내 노력에 대한 대가를 받고 나면 더하고픈 마음이 사라진다. 이에 반해, 작업 자체가 즐거움일 때는 어떨까? 이 경우에는 노동과 여가의 구분이 없다. 일에 몰입하는 것 자체가 뿌듯함을 안기기 때문이다. 그런 경지에 다다른 이들은 앞서 말한 '자발적 노예'와 다르다.

아리스토텔레스도 비슷한 설명을 한다. 그는 인간의 활동을 포이에시스poiesis와 프락시스praxis로 나눈다. 포이에시스는 무엇을 얻기 위한 노력이다. 그릇을 만들어 돈을 버는 사람을 예로 들어 보자. 이 사람에게 노동은 돈을 손에 쥐어야만 가치가 있다. 반면, 프락시스는 그 자체로 즐거운 활동이다. 그릇을 빚는 작업 자체를 즐기는 이들은 자신의 작품이 팔리건 안 팔리건 개의치 않는다.

또한, 그들은 세상의 평가에 흔들리지 않는다. 스스로 몰입하여 자신의 '탁월함'을 가꾸었다는 것 자체만이 의미 있을 뿐이다. 이 점에서 노동과 여가는 서로 통한다. 몸과 마음을 한껏 쏟아 몰입의 즐거움을 누리는 활동은 여가이기도 하고 노동이기도 하다. 사실 일과 여가는 같은 것이다.

반면, 산업사회는 일과 여가가 칼같이 나뉜다. 일은 돈을 벌기 위한 활동이고 여가는 돈을 쓰는 활동이다. 이런 구도에서 우리의 생활은 금욕과 변태 사이를 끊임없이 오간다. 일터에서는 욕망을 억누르며 일에 목을 매다가, 노동에서 놓여났을 때는 욕구를 최대한 채우려 한다는 의미다. 그래서 우리 마음은 늘 짓눌려 있거나, 끝없는 헛헛함에 빠져들곤 한다.

진정한 자유인에게는 일과 여가의 구분이 없다. 그는 삶의 모든 활동을 영혼을 닦으며 성장하는 과정으로 여긴다. 이들이야말로 스콜레, 즉 여가를 누릴 줄 아는 사람이다. 한편, 졸부들의 삶에는 여유가 많다. 그러나 그들의 여유는 여가가 아닌 권태일 뿐이다. 쾌락을 아무리 쏟아붓는다 해도 그들은 삶을 행복으로 채울 수 없다.

신학자 폴 틸리히Paul Tillich는 외로움과 고독을 나누어 바라본다. 외로움은 홀로 있는 괴로움이다. 반대로, 고독은 홀로 있는 즐거움이다. 고독의 즐거움은 영혼이 튼실한 사람만이 누릴 수 있다. 마찬가지로 여가는 좋은 영혼을 가꾼 사람만이 누릴 수 있다.

주어진 일에 오롯이 몰입할 줄 아는 이들의 여유 시간은 풍요롭다. 그러나 생각 없이 사는 사람에게 비어 있는 시간은 '권태로운 지옥'이 되어버리곤 한다. 평균 수명이 길어지는 시대, 노동에서 벗어난 시간은 점점 많아질 것이다. 우리에게 스콜레, 여가를 누리는 능력이 절실한 이유다.

아리스토텔레스Aristoteles는 기원전 384년, 그리스 북부 스타기라에서 태어났다. 아버지 니코마코스는 마케도니아의 어의御醫였다. 열일곱 살에 시골 청년 아리스토텔레스는 당시 '그리스의 학교'라고 불리던 아테네로 공부하러 갔다. 그는 플라톤이 가르치던 아카데메이아에서 공부했는데, '아카데메이아의 정신'이라고 불릴 만큼 우수한 학생이었다.

아리스토텔레스는 20여 년 동안 플라톤 곁에 머물며 공부한 후, 아소스로 여행을 떠났다. 이곳에서 그는 군주의 딸과 결혼했다. 아리스토텔레스는 죽을 때까지 자상하고 친절한 남편이자 아버지였다. 이런 모습은 그가 남긴 유언장에도 잘 드러나 있다. 여기에서 그는 아내와 자식, 심지어 부리던 노예들에게까지 세심한 배려를 잊지 않았다.

기원전 343년, 아리스토텔레스는 마케도니아 왕국의 열세 살 난 황태자의 스승으로 초빙되었다. 이 소년이 훗날의 알렉산더 대왕이다. 알렉산더의 스승 자리에서 물러난 후, 아리스토텔레스는 아테네로 돌아갔다. 그러나 아카데메이아로 돌아가지 않고 '리케이온'이라는 학당을 새로 열었다. 그는 학생들과 함께 정원과 숲 속을 거닐면서 학문을 했는데, 이 때문에 그와 그의 제자들에게는 '소요학파逍遙學派'라는 별명이 붙었다.

아리스토텔레스가 리케이온에서 가르친 12년은 그의 학문적 삶의 최고 절정기였다. 제자인 알렉산더는 스승이 학문에 전념할 수 있도록 800탈란트에 이르는 돈을 지원해주었다. 리케이온에서의 평온하고 안정된 연구는 기원전 323년, 알렉산더의 죽음과 함께 끝난다. 마케도니아의 지배에서 벗어난 아테네 사람들은 아리스토텔레

스를 친親마케도니아 세력으로 규정하고 그를 제거하려 했다. 이에
아리스토텔레스는 아테네에서 도망쳤으나 2, 3개월도 못 되어 평생
그를 따라다니던 위장병이 도져 죽음에 이르고 말았다.

비교와 우울에서
벗어나고 싶을 때

에픽테토스

나를 우울하게 만드는 것들

—

삶은 불공평하다. 남들은 항상 나보다 좋은 조건에 있는
것 같다. 머리 좋은 누구는 내가 온종일 매달려도 풀지 못한 수학
문제를 몇 분 만에 해치운다. 부잣집 친구는 나로서는 꿈도 못 꿀
'럭셔리'한 해외여행을 마실 가듯 떠난다. 인물 훤칠한 내 친구는
어딜 가나 인기 폭발이지만 평범하기 그지없는 내게 눈길을 주는
사람은 하나도 없다. 그뿐인가. 운동 신경이 뛰어난 친구, 예술적
재능이 남다른 사람들은 왜 그리 많은지!

비교하면 할수록 내 삶은 우울하기 그지없다. 나는 머리도 나쁘고, 돈 많은 부모를 만나지도 못했으며, 인물도 별 볼 일 없고 특출한 재능이 있는 것도 아니다. 이러니 아무리 발버둥 쳐봐야 남들 절반도 못 따라갈 터, 도대체 나에게는 무슨 희망이 있단 말인가?

이런 의문 앞에 주눅 들고 우울한 날들이 계속된다면, 에픽테토스를 만나보라. 에픽테토스는 로마시대 노예였던 사람이다. 거기다 그는 절름발이였다. 그럼에도 그는 자신을 "불쌍하고 걸을 때마다 절뚝거리는 노예인 나는 신의 친구다!"라며 밝게 소개하곤 했다.

이 노예 출신 철학자에게서 어두운 구석을 찾기란 쉽지 않다. 그래서 우울하기 그지없었던 '황제 철학자' 아우렐리우스Marcus Aurelius도 에픽테토스의 글에서 가르침을 구하곤 했다. 비참하기로 따지면 노예보다 나쁜 삶은 없다. 그런데도 어떻게 노예 철학자가 무엇 하나 아쉬울 것 없는 로마 황제보다 더 행복할 수 있었을까?

할 수 있는 것과 할 수 없는 것

—

에픽테토스의 '행복 비법'은 상식을 깨는 측면이 있다. 흔히 우리는 좌절에 빠져 있는 이에게 "힘내. 노력하면 어려움을 이겨낼 수 있을 거야."라며 위로한다. 그러나 에픽테토스는 정반대로 말한다. "세상만사가 다 그렇게 되도록 결정되어 있었어. 네 '팔자'가 그것밖에 안 되는 걸 어쩌겠어?" 그의 충고는 늘 이런 식이다.

어찌 보면 가뜩이나 힘든 사람을 더 맥 빠지게 하는 비아냥거림처럼 들린다. 하지만 조금만 곱씹어보면 에픽테토스의 말은 깊은 지혜에서 나왔음을 깨달을 수 있다. 그에게서 깨달음을 얻은 아우렐리우스는 《명상록》에서 이렇게 말한다.

어리석은 사람은 이렇게 묻는다. "내 아이를 잃지 않기 위해서는 어떻게 해야 합니까?" 오히려 그대는 이렇게 물어야 한다. "아이를 잃은 슬픔을 이겨내려면 어떻게 해야 합니까?"

모든 인간은 죽는다. 아무리 용을 써봐야 바뀔 리 없는 당연한 사실이다. 온갖 노력을 기울여도 불치병을 낫게 할 수 없다면, 그 뒤에는 포기할 줄도 알아야 한다. 죽음은 내가 어떻게 해볼 수 있는 일이 아니지만, 이를 어떻게 받아들이고 발전적으로 극복하느냐는 내 노력에 달려 있다. 마찬가지로 에픽테토스는 자신이 할 수 있는 것과 할 수 없는 것을 명확히 가리라고 충고한다.

"내가 가진 것, 나의 육체, 평판, 지위는 내 맘대로 할 수 없다. 하지만 믿음과 욕망, 혐오감 등은 내 마음가짐에 따라 달라진다. …(중략)… 만일 내 뜻대로 할 수 있는 일에만 주목한다면, 내키지 않는 강요에 부딪히는 일은 없을 것이다."

여기까지만 들으면 에픽테토스의 말은 세상만사 다 그렇고 그런 것이니 마음이나 편하게 가지라는, 반쯤 자포자기한 사람의 한풀이 같다. 그러나 에픽테토스의 가르침은 절대 그런 뜻이 아니다. 그는 인생을 연극에 비유한다. 세상은 한 편의 연극이고, 나는 배우다. 연극의 진행과 결말은 이미 각본으로 짜여 있다. 내가 거지 역할을 맡았다면 어떻게 해야 할까? 당연히 그 역할에 충실해야 한다. 맡은 배역에 충실할 때 연극이 제대로 될 뿐 아니라, 나 역시 훌륭한 배우로 평가받는다. 만약 내 역할이 거지에 지나지 않는다고 잔뜩 부은 채 성의 없이 연기한다면 어떻게 될까? 연극은 둘째 치고 비참한 기분만 더 들 것이다.
　인생도 그렇다. 우리의 지위와 처지는 배역이고, 재산은 무대 소품과 같다. 연출과 대본은 물론 신神의 몫이다. 멋진 역할을 맡았다고 자랑할 일이 아니다. 화려한 의상과 소품을 지녔다고 으스댈 이유도 없다. 얼마나 자신의 역할에 충실한지, 극의 전개가 생각처럼 풀려나가지 않을 때 불쑥 튀어나오는 짜증과 화를 얼마나 잘 다스릴 수 있는지가 중요할 뿐이다. 그러니 처지야 어찌 되었건 간에 사람은 자기 역할에 최선을 다해야 한다. 그럴 때 내 삶은 의미 있고 행복해질 것이다.

세상살이를 구체적으로 들여다보면 에픽테토스의 주장이 '참'임을 금세 알 수 있다. 돈 많고 지위 높은 사람이 꼭 행복하지는 않다. 되레 잘사는 사람일수록 우울하고 병들어 있는 경우가 더 많다.

반면 인생을 치열하게 사는 사람에게는 불행이 찾아들 틈이 없다. 성실하고 건전하게 살아가는 사람들의 얼굴을 보라. 자신의 처지를 기꺼이 받아들이고 최선을 다해 개척하는 삶은 언제나 자부심으로 빛나는 법이다. 에픽테토스는 이렇게 말한다.

말馬이 우쭐대며 "나는 너무 아름다워."라고 말할 수는 있다. 그렇지만 그대는 절대 "나에게는 아름다운 말이 있어."라고 으스대면 안 된다. 말의 좋은 점 덕택에 그대가 거만을 부릴 이유가 어디 있는가? 그대 자신에 대한 것에만 자부심을 가져라.

집착하지도 매달리지도 말기
—

나아가 에픽테토스는 어떤 일이든지 논리적으로 따지고 검토해보라고 권한다. 동물은 주어진 일을 그냥 받아들일 뿐이다. 인간은 왜 일이 이렇게 되었는지를 따져서 그 이유를 이해하고 대비할 수 있다. "동물과 같은 위치에서 출발하지만, 사람은 그 이상이 되어야 한다."

에픽테토스는 우주 안의 모든 일은 이치理致, Logos에 따라 이루어진다고 믿었다. 그리고 인간이라면 누구나 우주의 이치를 깨달아 알 수 있는 이성理性, logos을 가지고 있다. 이 점에서 인류는 모두 '우주의 시민cosmopolitan'이다.

그러니 이치를 조목조목 따져보면 어떤 일이 최선이고 합리적인지를 깨달을 수 있다. 더불어 다른 사람들도 나와 같은 이성을 지니고 있으므로 그들을 설득할 수도 있다. 에픽테토스는 "네가 바라는 대로 세상의 일들이 벌어지기를 바라지 말고, 마땅히 일들이 진행되어야 할 바대로 되기를 원하라."고 충고한다. 세상의 이치를 신중하게 되짚어본다면, 어떤 일이 벌어지든 그 의미를 이해하고 겸허히 받아들일 수 있을 것이다. 무지한 자들은 세상에 맞서지만 지혜로운 이들은 최선을 다해 살면서도 세상의 흐름을 거스르지 않는다.

계절이 바뀌고 생명이 죽고 태어나는 현상은 나를 기쁘게 하거나 슬프게 하려고 일어나는 것이 아니다. 자연의 섭리가 그렇게 되어 있을 뿐이다. 내가 살아가면서 부딪히는 일들도 그렇다. 내가 아무리 노력한다 해도 세상은 그 나름의 논리에 따라 흘러가게 마련이다. 그러니 자기가 맡은 역할에 충실하되, 세상일에 집착하지도 매달리지도 마라. 자연의 섭리에 맞추어 생각하고 살면

슬플 일도, 고통받을 일도 없다.

결코 '그것을 잃어버렸다'라고 말하지 마라. 그대는 '되돌려주었
다'라고 말해야 한다. 아내가 죽었는가? (자연에) 되돌려주었을 뿐
이다. 땅을 빼앗겼는가? 이 역시 되돌려주었을 뿐이다. …(중략)…
그대에게 속해 있는 기간 동안만 주어진 것들을 나그네가 여관을
대하듯, 그렇게 돌보도록 하라.

욕망이 아닌 양심과 이성에 따라라
—

에픽테토스는 욕구에 집착하지 않으면서도 의무에 충실한
삶을 살라고 충고한다. 어딘지 모르게 청렴하면서도 성실한 관료
의 생활이 떠오르지 않는가? 실제로 에픽테토스로 대표되는 스토
아 철학은 로마의 엘리트 집단이 가슴에 품었던 국가 철학이기도
했다.

에픽테토스는 어떻게 해야 할지 헷갈리는 상황이 닥치면 스스
로 "소크라테스라면 이럴 때 어떻게 했을까?"라고 물어보라고 권
했다. 소크라테스는 양심과 이성으로 많은 이들에게 모범이 되었
던 사람이다. 욕망을 좇지 말고 이성과 양심에 물을 때, 우리는 진
정 자신을 행복하게 만드는 결론에 이를 수 있다.

에픽테토스가 일러주는 삶의 지혜는 성공적인 삶을 살고 있는 이들의 공통된 태도이기도 하다. 세계 최고의 갑부 빌 게이츠는 결코 돈을 많이 벌기 위해 컴퓨터에 매달리지 않았다. 좋아하는 일에 매달리다 보니 어느덧 돈이 쌓이게 되었다. 투자의 귀재 워런 버핏도 튼실한 주식을 찾아내고 가치를 모으는 일에 집중하다 보니 어느덧 최고의 수익을 올릴 수 있었다.

반면 좋은 부모 덕에 노력 없이 성공이 그냥 주어지거나 행운으로 굴러 들어온 이들의 얼굴에서는 행복을 찾기 어렵다. 야망을 좇아 수단과 방법을 가리지 않고 정상까지 올라간 이들의 얼굴에는 공허함이 가득할 뿐이다.

주어진 조건에 주눅 들지 말고, 욕망에 휩싸여 함부로 행동하지 마라. 그리고 무엇이 최선인지 곰곰이 사색하고, 밝고 긍정적으로 운명을 개척하라. 그래도 실패할 수는 있다. 하지만 이때 실패는 나의 탓이 아니다. '우주의 섭리'일 뿐이다. 겸허하게 그 결과를 받아들이기만 하면 된다. 성공했다면? 영광과 행복이 나의 것이 될 터다. 어느 쪽이든 손해 보는 장사는 아니다. 그러니 자신의 '운명을 사랑하라amor fati!' 긍정적이고 치열하게 살아가는 사람에게는 불행이 찾아들 틈이 없다. 노예였던 에픽테토스도 그렇지 않았던가?

에픽테토스Epictetus는 대략 50년 전후에 지금의 터키 서남 지방에 위치한 프리기아 히에라폴리스에서 태어나서 130년 전후에 사망한 것으로 추측된다. 어머니가 노비였던 탓에 태어나자마자 노예가 되었다. 에픽테토스라는 말은 그리스어로 '곁다리'라는 뜻이다. 그는 네로 황제의 경호원 중 한 명이던 에파프로디투스의 노예였으며 류머티즘으로 다리를 절었다고 한다.

어떤 문헌에서는 다음과 같은 일화를 전한다. 어느 날인가 장난기가 발동한 주인이 에픽테토스의 다리를 비틀었다. 그래도 에픽테토스는 태연한 목소리로 "계속 그러시면 다리가 부러집니다."라고 말할 뿐이었다. 짓궂은 주인은 계속해서 고문을 했고 결국 다리에 금이 가고 말았다. 그러자 에픽테토스는 역시 태연하게 말을 이었다. "그러기에 제가 다리가 부러진다고 하지 않았습니까?"

이 일화는 에픽테토스의 스토아 철학자다운 면모를 과장하기 위해 꾸며낸 이야기인 듯하다. 그의 주인 에파프로디투스는 지성인이었을뿐더러 자애로운 사람이었기 때문이다. 노예인 에픽테토스가 당시 유명한 철학자였던 무소니우스 루푸스 밑에서 철학을 공부했던 것도 주인의 배려 덕택이었다.

인자한 주인은 마침내 그를 해방시켰고, 그는 자유인 신분으로 로마에서 철학을 잠시 가르쳤다. 철학을 싫어했던 도미티아누스 황제가 철학자들을 모두 추방하자, 그 역시 퇴출되어 그리스 북서부 악티움에 있는 니코폴리스로 이주하여 그곳에 학교를 세웠다. 그곳에서 에픽테토스는 철학자로서 큰 명성을 얻었다.

니코폴리스에서 사망한 그는 명৯문장가 세네카, 마르쿠스 아우
렐리우스 황제와 함께 스토아 철학을 빛낸 3인으로 널리 추앙받고
있다.

주어진 조건에 주눅 들지 말고,
욕망에 휩싸여 함부로 행동하지 마라.
그리고 무엇이 최선인지 곰곰이 사색하고,
밝고 긍정적으로 운명을 개척하라.

'나'의 보호자로서
살아간다는 것

라캉

사람은 누구나 다섯 살이다

—

사람은 누구나 다섯 살 아이다. 꼭지가 돌 만큼 화가 난 경우를 떠올려보라. 이때는 점잖은 얼굴, 교양 있는 말투를 유지하기 어렵다. 불끈거리는 감정은 내 속에 있던 다섯 살 아이를 끄집어낸다. 어깃장 놓은 표정, 생떼 쓰는 논리, '못난 다섯 살' 모습 그대로다.

사랑하는 사람 앞에서 연인의 말투는 어떻게 바뀌던가? "자기나 힘들었쩡!" 영락없는 다섯 살 아이의 혀짤배기 어투다. '내면 아이Inner Child'는 내 마음에 있는 다섯 살 인격을 가리키는 심리학 용어다. 아무리 나이를 먹어도 우리 영혼 속 다섯 살 아이는 사라지지 않는다. 어른들은 성숙한 인격으로 내면 아이를 감추고 있을 뿐이다.

아이에게는 관심과 따뜻한 다독임이 필요하다. 무시와 겁박은 아이를 화나고 주눅 들게 한다. 마음속 아이를 잘 추스르지 못할 때, 우리는 '덩치 큰 다섯 살 아이'가 되어버린다. 소리를 버럭버럭 질러대거나, 체면을 내던진 채 누군가에게 턱없이 매달리는 식이다.

난감한 상황에서 아이는 엄마를 찾는다. 마음속 아이가 당황해할 때, 어른들은 누구를 찾을까? 어른은 스스로에게 부모가 된다. "괜찮아, 긴장하지 마. 다 괜찮아질 테니 침착하게 생각해." 등등, 자기 안의 성숙한 인격으로 내면 아이를 다독인다.

성숙한 사람은 자기 욕망에 솔직하다. 그러면서도 욕구를 잘 다스릴 줄 안다. 이들의 태도는 좋은 부모와 다르지 않다. 아이의 감정을 잘 알아주면서도 알아듣게 타일러 엇나가지 않게 한다.

영혼이 불편한 사람은 어떨까? 이들은 '나쁜 부모'처럼 자신을 대한다. 마음속 다섯 살 아이를 다그쳐서 더 당황하게 한다. 힘든 상황에서 그들이 한없이 주눅 들거나 쉽게 화를 내고 누군가에게 한없이 기대려는 모습을 보이는 이유다.

타인의 욕망을 욕망하는 삶

—

"아이는 부모의 욕구를 욕망한다." 철학자 라캉의 말이다. 갓 걸음마를 내디뎠을 때, 엄마의 입가에는 환한 웃음이 피어오른다. 아기는 그런 엄마를 보며 기분이 좋아진다. 부모의 기쁨을 자신의 행복으로 느끼는 셈이다. 성장기 내내 부모의 욕망은 아이의 삶을 이끌어가는 동력이 된다. 성적이 떨어졌을 때, 기대만큼 좋은 학교에 가지 못했을 때, 아이들은 "부모님께 죄송하다."며 한숨을 내쉰다. 부모의 바람을 자신의 욕망으로 받아들이는 모양새다.

이런 태도는 사회생활에도 그대로 이어진다. 단체생활에서는 '전체가 잘되는 것이 자신에게도 좋은 것'이다. 직장 상사의 웃음은 자신이 제대로 하고 있다는 안심을 안긴다. '내가 바라야 하는 것'은 부모의 욕망에서 선생님의 욕망으로, 또래들의 바람에서 조직의 열망으로 바뀌어간다. 그러면서 어느덧 우리는 '타인의 욕망을 욕망하는 삶'을 살아가게 된다.

거절을 못해서 괴로워하는 이들이 적지 않다. 그들은 부당한 부탁에 좀처럼 맞서지 못한다. 설사 뿌리쳤다 해도, 이래도 되나 하는 미안함이 가슴에서 떠나지 않는다. 왜 그럴까?

"우리는 타인의 욕망을 욕망한다."는 라캉의 말을 곱씹어보라. 부탁을 뿌리치지 못하는 심리가 이해가 될 테다. 부모의 기대를 채워주지 못할 때 아이는 어떤 기분이 들까? 선생님의 지시를 해내지 못한 모범생의 마음은 어떨 것 같은가? 타인의 바람대로 살아온 이들은 남의 부탁에 맞서지 못한다. 그랬다간 자신이 제대로 살고 있지 못하다는 죄책감에 시달릴 것이다.

내 영혼의 좋은 보호자로 살기

—

라캉은 이렇게도 말한다. "욕망도 연습해야 는다." 내 마음속 다섯 살 아이의 '보호자'로서 세상을 대해보자. 누군가 나에게 부당한 부탁을 했다면, '내 부모님이 옆에 계신다면 나를 위해 이 사람에게 어떤 말을 하실까?'라고 생각해보라. 어른이란 다른 이들의 욕망에 휘둘리지 않고 자신의 뜻대로 삶을 가꾸어나가는 사람이다.

정말 내키지 않는데도 거절하기 힘든 상황인가? 이런 순간은 내 욕망을 연습하는 좋은 기회이기도 하다. 내 마음속 아이가 행복해야 내 인생도 즐겁다. 자기 영혼의 좋은 보호자가 되도록 영혼을 가꿔나갈 일이다.

자크 라캉Jacques Lacan은 1901년 프랑스 파리에서 태어났다. 의학과 정신병리학을 공부하고 1932년에 의학박사 학위를 받았다. 1936년 에는 파리정신분석학회에 들어갔으며 1953년에는 이 단체의 회장 직을 맡게 되었으나, 이내 그만두고 프랑스정신분석학회를 새롭게 꾸렸다. 그 후 국제정신분석학회와의 갈등으로 프랑스정신분석학회 도 탈퇴하고 1964년 파리프로이트학회를 만들게 된다.

1953년부터 라캉은 생트 안느 병원에서 정신분석 세미나를 시작 했다. 이후 이 세미나는 레비스트로스, 메를로 퐁티 등 저명한 학자 들이 참석하면서 유명세를 타기도 했다. 라캉은 정신분석학의 목표 가 병을 치료하는 데 있다는 기존의 입장에 반기를 들었고, 무의식 에 대한 독창적인 해석으로 명성을 떨쳤다. 하지만 자신의 이론을 전개하면서 분명치 않은 용어를 사용하고 과학 지식을 무분별하게 사용한다는 이유로 비판을 받기도 했다. 1981년 파리에서 세상을 떠 났다.

내 사랑을
확신하고 싶다면

플라톤

사랑 때문에 잠 못 드는 날들

—

　　성춘향이 이몽룡과, 줄리엣이 로미오와 사랑에 빠진 나이는 각각 열여섯, 열넷이었다. 이들에게는 거칠 것이 없었다. 이 도령이 과거를 보러 한양으로 떠나야 한다는 사실도, 자신과 어울리지 않는 양반 자제라는 사실도 춘향의 눈에는 들어오지 않았다. 변 사또의 심술은 춘향의 사랑을 더 타오르게 하는 불쏘시개에 지나지 않았다. 줄리엣도 그랬다. 열네 살 소녀의 사랑은 로미오가 원수의 가문이라는 사실조차 잊게 만들었다. 줄리엣은 '원수의 아들'이 없으면 한순간도 견디기 힘든 지경이 되어버렸고, 그 결말은 동반 자살이라는 비극으로 끝났다.

성춘향과 줄리엣의 이야기는 수백 년이 지난 지금도 여전히 공감을 불러일으킨다. 사랑은 누구에게나 절절하다. 좋아하는 사람을 위해서라면 하늘의 별이라도 따다 주고 싶다. 이처럼 사랑은 삶을 아름답게 꾸미고 감성을 풍요롭게 한다.

하지만 지나친 사랑은 치명적인 독이 되기도 한다. 열렬한 애정에 못 이겨 상대를 괴롭히는 스토커가 대표적인 예다. 사랑하면 할수록 상대와 나는 더 큰 괴로움에 빠져들 뿐이다. 하루가 멀다 하고 언론을 장식하는 치정사건도 그렇다. 이처럼 사랑은 때로 사람을 추하게 만들기도 한다.

그런데 문제는 애틋한 사랑과 추한 애정을 가리기가 쉽지 않다는 데 있다. 성춘향의 경우만 해도 그렇다. 현대인의 기준으로 볼 때 미성년자들의 열렬한 연애가 그다지 아름답게 보일 리 없다. 줄리엣도 마찬가지다. 여중생이 이룰 수 없는 사랑 탓에 남자 친구와 함께 목숨을 끊었다면, 이에 감동해서 눈물을 흘릴 사람이 몇이나 될까?

내 가슴을 태우는 사랑도 그렇다. 과연 내 사랑은 바람직하고 아름다운가? 혹시 인정받지 못할 사랑으로 속을 태우고 있지는 않은가? 내 감정이 상대에게 부담을 주지나 않을까 전전긍긍하고 있지는 않은가? 차마 남들에게 드러내지 못하는 비밀스러운 사랑을 품고 있지는 않은지? 그렇다면 나는 이 감정을 어찌해야 좋을까?

이런 고민으로 잠 못 이룬다면, 플라톤에게 물어보라. 정신적 사랑이라는 뜻의 '플라토닉 러브Platonic love'는 그의 이름에서 나왔다. 그의 빼어난 정신은 내 사랑이 나아갈 길을 제시해줄 것이다.

열렬하되 집착하지 않도록
—

플라톤은 사랑의 특성을 에로스Eros 탄생 신화에 빗대어 설명한다. 에로스는 사랑의 신이다. 에로스의 아버지는 길의 신 포로스Phoros고, 어머니는 결핍과 가난의 여신 페니아Penia다. 미의 여신 아프로디테의 생일을 기념하는 자리에서 포로스가 술에 취해 잠이 들자, 페니아가 몰래 그 곁에 누웠다. 에로스는 그렇게 태어났다.

에로스는 어머니를 닮아 항상 부족하고 허전하다. 그래서 무언가를 절실하게 원한다. 동시에 그는 자신의 바람을 채워줄 수단과 방법 또한 끊임없이 찾아내곤 한다. 길을 쉼 없이 뚫어내는 아버지를 닮은 탓이다. 사랑에 빠진 사람은 꼭 에로스와 같다. 마음 한구석이 허전하여 상대에게 매달리고, 상대의 마음을 사기 위한 아이디어들이 샘솟는다.

그뿐 아니다. 사랑은 용기와 지혜를 이끌어내는 원동력이기도 하다. 사랑하는 이 앞에서는 제아무리 겁쟁이라도 용감해지게 마련이다. 사랑하는 사람 앞에서 창피당하는 것만큼 수치스러운 일도 없기 때문이다. 또한 사랑은 인내하게 만든다. 마음을 사기 위해서라면 그 어떤 욕망도 기꺼이 참아낸다. 나아가 사랑에 빠진 이는 누구나 시인이 된다. 누군가의 매력에 빠져들 때, 기술과 지혜를 가장 빨리 익히곤 한다.

플라톤의 작품 《향연》에는 사랑에 대한 찬가가 끝없이 이어진다. 확실히 사랑은 삶을 끌어가는 강력한 힘이다. 그렇지만 눈먼 사랑은 위험하다. 사랑은 술과 비슷하다. 전쟁터의 병사에게 한 잔의 술은 용기를 북돋아주지만, 지나치면 허세를 부리게 하여 위험에 빠뜨릴 수 있다. 사랑으로 삶을 이끌되, 위험한 지경에까지 이르지 않는 이가 진정 현명한 사람일 터다. 그렇다면 지혜로운 사랑을 위해서는 어떻게 해야 할까?

플라톤은 바람직한 사랑법을 사다리에 빗댄다. 바람직한 사랑은 천상의 아름다움으로 가는 사다리다. 사랑을 통해 자신을 더욱 고상하고 높은 경지로 이끌 수 있다는 뜻이다.

아름다운 외모는 제일 먼저 우리의 마음을 끄는 대상이다. 플라톤은 상대의 모습이 나를 설레게 한다고 해서 정신없이 빠져들지 말라고 충고한다. 거리를 두고, 다른 사람도 혹시 그만큼 아름답지 않은가를 살펴보라.

성형 미인이 곧잘 싫증나는 이유는 여기에 있다. 언뜻 보면 아름다운 것 같지만 유행 따라 만들어진 외모는 대개 비슷하게 마련이다. 쌍꺼풀진 큰 눈, 비슷비슷하게 오뚝한 콧날, 갸름한 턱…. 관심 끄는 이에게서 조금만 눈을 떼어보면 마음은 집착에서 멀어진다.

플라톤의 충고는 현대 신경생리학자들의 결론과 같다. 누군가에게 집착하다가 우울증에 빠진 사람은 상대방만을 바라본다. 조금 떨어져서 주변을 살피며 객관적으로 상대를 바라보면, 조급한 마음이 차츰 가라앉는다. 자신이 원하는 모습이 그 상대에게만 있지는 않다는 사실을 깨닫기 때문이다.

상대에게 끌리는 이유는 외모만이 아니다. 진정한 이유는 그 사람의 내면에 있다. 그 사람의 어떤 특징이 내 마음을 사로잡았는지를 되물어보라. 그리고 이번에는 눈을 돌려, 다른 이에게는 사랑하는 사람의 바로 그 특별함이 없는지 살펴보자. 사랑하는 사람과 같은 점을 찾기 위해 주변을 둘러보면, 의외로 많은 사람이 매력 덩어리임을 깨닫게 된다. 플라톤의 가르침을 따른다면, 사랑 탓에 시선이 닫히고 고여버린 마음은, 주변을 섬세하게 바라보며 사람들 각각이 지닌 아름다움을 새롭게 발견하는 능력으로 거듭나게 될 터다.

이럴 때 내 마음은 집착에서 벗어나 상대의 훌륭함과 뛰어남 자체를 감상하고 즐길 수 있게 된다. 사랑한다고 꼭 내 사람이어야 할 이유가 있을까? 그 사람의 매력은 누구나 가지고 있는 훌륭한 점이 좀 더 두드러져 보였다는 것뿐이다. 넓고 깊게 보면, 사랑의 대상이 꼭 그 사람일 필요는 없다. 사랑을 통해 진정한 아름다움과 훌륭함이 무엇인지를 느끼게 되었다면, 내 사랑은 이미 절정에 이르렀다고 할 만하다.

올바른 길은 …(중략)… 이 땅의 아름다움에서 출발하여 천상의 미 美로 올라가는 데 있다. …(중략)… 사다리를 오르듯 한 계단씩 올라가라. 아름다운 육체에서 두 명의 아름다운 육체를, 두 명에서 모든 육체의 아름다움을 찾아보라. 나아가 예쁘고 훌륭한 육체에서 영혼의 아름다움을, 나아가 아름다움 자체를 바라보도록 노력하라. 마지막 목표는 아름다움 자체를 바라보는 데 있다.

영원한 사랑에 이르는 길
—

괴테는 일흔 나이에 열아홉 살 처녀에게 애틋함을 느꼈다. 물론 그에게 이런 감정은 처음이 아니었다. 그는 평생 무수한 여인을 마음에 품었다. 나폴레옹도 마찬가지다. 그는 젊은 시절 조세핀을 미친 듯이 사랑했고, 그 뒤에도 숱한 여인을 사랑했다. 영웅호색英雄好色이 빈말은 아닌 듯하다.

하지만 진정한 영웅은 사랑의 감정을 낭비하지 않는다. 괴테의 사랑을 추하다고 비난할 사람이 있을까? 가슴을 울리는 그의 작품들은 괴테 자신의 절절함에서 나왔다. 만약 괴테가 자기 감정을 예술혼으로 끌어올리지 않고, 10대 소녀의 마음을 사는 데 매달렸다면 어떨까? 아마도 그는 '민망한 노인네'로 여겨져 오래전에 잊혔을 터다. 위대한 사랑은 삶의 에너지를 이끌어낸다. 그러나 대상에서 눈을 돌려 더 높은 곳을 바라볼 때, 사랑은 한층 고귀해진다.

플라톤은 생물학의 입장에서 사랑을 분석하기도 한다. 짝짓기를 앞둔 짐승들은 신성하기까지 하다. 이들은 구애에 몰두하며, 후세를 위해서라면 고귀한 희생도 마다하지 않는다. 이들은 죽을 수밖에 없기에, 계속 자식을 번식시킴으로써 영원함에 이르고자 하는 것이다.

영원을 갈구하기는 인간도 마찬가지다. 하지만 인간이 불멸에 이르는 길은 꼭 번식에만 있지 않다. 인간은 훌륭한 작품과 업적으로 이름을 남김으로써 영원에 이를 수 있다. 이로써 인간은 육체로 하나가 되려는 욕망에서 벗어날 수 있다. 인간이 사랑을 통해 결코 꿈도 꾸지 못했을 차원 높은 경지로 나아갈 때, 위대한 불멸은 비로소 이루어진다.

그렇다면 이제 내 가슴을 태우는 사랑을 다음과 같은 물음으로 진단해보자. 나를 흔들리게 만든 상대의 매력은 무엇인가? 이것이 꼭 그 사람에게만 있는 매력인가? 내가 사랑을 통해서 이루려고 하는 것은 무엇인가? 상대를 내 것으로 삼는다면 나와 그 사람은 더 나아지고 아름다워질까?

사랑의 완성은 상대를 소유하는 데 있지 않다. 이룰 수 없는 사랑 때문에 고민하는 그대여, '플라토닉 러브'의 의미를 되새겨보라. 소유와 집착으로 인해 어두워진 마음이, 영혼을 살찌게 하는 기쁨으로 가득해짐을 느낄 것이다.

플라톤Platon은 기원전 427년경 아테네의 최고 정치 명문가에서 태어났다. 스무 살 되던 해, 엘리트 청년 플라톤은 소크라테스를 만나는 '충격적인' 경험을 한다. 젊은 정치 지망생 플라톤에게, 모두가 타락해버린 듯한 아테네에서 끊임없이 진리와 정의를 찾는 소크라테스의 모습은 감동 그 자체였다.

플라톤이 스물여덟 살 되던 해, 소크라테스가 독배를 들었다. 가장 정의로운 이에게 사형 언도를 내린 아테네 민주주의에 대한 모멸감을 감추지 않았던 그는 곧 방랑의 길에 올랐다.

그 후 마흔 살이 될 때까지 플라톤의 행적에 대한 기록은 별로 없다. 그러나 이 시기에 플라톤은 피타고라스 학파, 테오도로스

Theodoros와 같은 수학자들을 접하며 유명한 이데아Idea론을 발전시켰다.

기원전 387년, 마흔 살의 플라톤은 정치적 이상을 시험할 기회를 맞는다. 그의 사상에 감명을 받은 시라쿠사 참주의 처남으로부터 초청을 받은 것이다. 그러나 플라톤을 달갑게 여기지 않았던 시라쿠사의 독재자는 그를 강제로 추방해버렸다. 이후 플라톤은 두 차례나 시라쿠사에 찾아가지만, 모두 쫓겨났다.

그 후 12년간의 유랑을 마치고 아테네로 돌아온 플라톤은 아테네 근처 아카데모스 숲에 '아카데메이아'라는 학교를 열었다. 오늘날 학술기관 이름에 곧잘 쓰이곤 하는 '아카데미'라는 명칭의 원조가 바로 이 학교다. 아카데메이아는 동로마제국의 테오도시우스 황제에 의해 문을 닫을 때까지 무려 900년 동안이나 존속했다.

기원전 347년, 플라톤은 80세로 눈을 감았다. 그가 쓴 35편 이상의 '대화편'과 편지글들이 지금까지 전해지고 있다.

인생의 장기전을
준비하는 현명한 습관

스티븐 코비

구멍 난 타이어 같은 일상

—

"우리 애는 머리는 좋은데 도통 공부를 안 해요."

학부모 면담을 할 때마다 나오는 하소연이다. 자식이 인간관계나 외모, 지능과 집안까지 어디 하나 빠지는 데가 없는데 유독 공부만은 하지 않는다고 한다. 그렇다면 가슴에 손을 얹고 생각해보자. 나는 왜 부모님의 가장 큰 소망이자 나의 최고 과제이기도 한 공부를 이토록 죽어라고 안 하고 있는가? 공부'만' 하면 된다는데 왜 이리도 책을 잡기 힘들까?

자신의 생활을 조금만 둘러보면 답은 의외로 쉽게 찾을 수 있다. 몸이 부실해서 한 시간만 집중해도 머리가 어찔하다면 책이 머리에 들어오겠는가? 친구와 사이가 틀어져 있을 때도 그렇다. 옆자리 친구와 티격태격하는 상황에서 수업 내용이 귀에 들어올 리 없다. 인생의 목표가 없는 경우에는 더 심각하다. 특별히 되고 싶은 것도, 하고 싶은 것도 없는데 구태여 힘들게 공부해야 할 이유가 있는가?

구멍 난 타이어에는 아무리 열심히 바람을 넣어도 소용이 없다. 학업도 마찬가지다. 생활 어디엔가 문제가 있으면 좀처럼 하는 일에 집중하기 어렵다. 인생의 목표가 분명한지, 주변 사람들과 문제없이 잘 지내고 있는지, 건강에는 이상이 없는지 점검해보라. 어딘가 채워지지 않은 부분이 있기에 갈등과 유혹이 끊이지 않는 것이다. 원하는 것만 보아서는 원하는 바를 이룰 수 없다. 스티븐 코비는 바로 이 점을 일깨워준다.

눈앞에 닥친 일만 하는 '긴급성 중독'
—

인생은 장기전이다. 때로는 얄팍한 술수로 재미를 볼지도 모르지만, 인생 전체를 요령으로 때울 수는 없는 노릇이다. 코비에 따르면, 올곧은 인생 목표와 성품으로 훌륭한 '습관'을 지닌 사람만이 삶을 성공적으로 이끌 수 있다. 이 점에서 그의 인생 설계는 철저하게 원칙과 성품 중심으로 이루어진다.

스크루지를 예로 들어보자. 수전노의 대명사인 스크루지는 평생 엄청난 돈을 모았다. 하지만 과연 그는 행복했는가? 네로나 진시황제 같은 권력자들조차도 그렇다. 누구도 넘보지 못할 절대적인 힘을 손에 넣었지만 그들의 삶은 되레 비참했을 뿐이다.

우리의 일상도 마찬가지다. 눈앞의 이익은 우리의 판단을 흐리게 만들기 쉽다. 때로는 중요한 상황에서 이기기 위해 경쟁자가 된 오랜 벗을 짓밟게 될지도 모른다. 살다 보면 '우정'을 내세우는 친구의 강권에 못 이겨 도박과 쾌락에 빠져들기도 한다. 그러나 이렇게 얻은 순간의 쾌감이 과연 내 삶 전체를 행복하게 해줄까? 코비는 인생에서 진정 중요하고 소중한 것이 무엇인지 먼저 생각해보라고 말한다. 떠올리기 어렵다면, 그가 제시하는 다섯 가지 물음을 통해 답을 찾아보자.

- 내가 곧 심장마비로 쓰러질 것이라 가정해보자. 어떻게 살겠는가?
- 학교(직장) 생활이 앞으로 2년밖에 안 남았다고 치자. 지금 무엇을 준비해야 할까?
- 내가 다른 사람들에 대해 하는 말을 그들이 모두 듣는다고 가정해보자. 지금 그들에 대해 어떻게 말해야 할까?

- 정기적으로 신과 일대일로 만나서 생활을 심판받는다고 해보자.

  지금 어떻게 살겠는가?

물음을 곰곰이 곱씹다 보면 내 삶에서 가장 소중한 것이 무엇인지 서서히 윤곽이 드러날 터다.

나아가 코비는 제대로 살기 위해서는 '급하지는 않지만 중요한 일'에 집중하라고 충고한다. 그러고 보면 우리의 일상은 늘 급하고 중요한 것투성이다. 조금만 숨을 돌려도 가슴을 짓누르는 일들이 이내 코앞에 와 있고, 주변은 당장 처리해야 할 일들로 넘쳐난다. 그러나 너무 할 일이 많으면 아무것도 못하게 되는 법이다. 중압감 때문에 텔레비전이나 인터넷 같은 '급하지도 중요하지도 않은 일'의 세계로 도망쳐서 하릴없이 시간을 보낸다. 그러다가 더 이상 도망갈 수 없을 지경에 이르러서야 부랴부랴 급한 불을 끄는 데 매달리고 있지 않은가? 고비를 넘길 때마다 다음부터는 미리미리 대비하겠다고 다짐하지만, 결과는 언제나 작심삼일로 끝나고 생활은 여전히 당장 해결해야 할 일들로 가득 차 있다. 이것이 코비가 말하는 '긴급성 중독'이다.

그렇다면 중독에서 벗어나는 방법은 무엇일까? 코비는 먼저 기초 체력과 심력心力을 기르라고 충고한다. 뛰어난 운동선수는 잔기술보다 기초 체력을 기르는 데 힘을 쏟는다. 기초를 튼튼히 다진 사람은 어떤 종목의 기술이건 무리 없이 소화하는 법이다. 성적도 마찬가지다. 우수한 학생은 시험이 눈앞에 다가와도 꾸준한 노력이 필요한 공부를 놓지 않는다. 기초가 튼튼하면 긴급한 일이 닥쳐도 그간 쌓은 내공으로 여유 있게 처리할 수 있다. 성과가 잘 드러나지 않더라도 독서, 인간관계, 체력과 같은 '당장 급하지는 않지만 중요한 일'에 집중하라. 이런 일들로 하루하루를 성실하게 채워나갈 때, 어느덧 '긴급성 중독'에서 벗어나 있는 자신을 발견할 것이다.

바꿀 수 있는 것부터 집중하라
—

스티븐 코비의 주장에 다음과 같이 반박하고 싶은 이들도 있을지 모르겠다.

"나는 태어날 때부터 이미 그른 상태였어요. 부모님이 부자도 아니고, 생긴 것도 별로예요. 머리도 좋지 않은 것 같고요. 처지가 이런데 노력해봐야 무슨 소용이 있겠어요?"

여기에 대해 코비는 "피해의식은 미래를 포기하는 것이다."라고 단호하게 말한다. 원망한다고 상황이 바뀌지는 않는다. 역사를 바꾼 사람들은 자신의 처지를 한탄하기보다 자신이 할 수 있는 일이 무엇인지를 고민했다. 간디는 대영제국의 폭력을 침묵과 관용이라는 힘없는 지식인이 할 수 있는 유일한 저항으로 굴복시켰다.

희망을 잃지 않고 웃으며 최선을 다하는 모습은 그 자체로도 아름답다. 완벽하게 성공한 결과만 꿈꾸지 말고, 현재 내가 할 수 있는 일과 내 노력으로 바꿀 수 있는 습관 하나하나에 집중해보자. 그렇게 노력하다 보면 어느덧 할 수 없는 것들이 하나둘 할 수 있는 것으로 바뀐다. 자수성가의 행복은 바로 여기에 있다.

'원칙 중심', '성품 중심'으로 설계된 코비의 인생 관리법은 인간관계로까지 이어진다. 인간관계 문제는 자신의 성품(에토스 ethos)을 제대로 가꾼 뒤에야 풀어갈 수 있다. 나아가 자신의 주장을 앞세우기보다는 먼저 상대방의 입장을 이해하고 공감(파토스 pathos)할 수 있어야 한다. 논리적 설득(로고스 logos)은 그런 다음에야 힘을 발휘한다.

논리로만 사람을 대하려고 하면 '입만 까진' 논쟁이 되기 일쑤다. 상대를 이겨야 내가 산다는 편견에서 벗어나자. 상대와 내가 동시에 승리자가 되는(win-win) 방법도 많다. 상대방의 성격이 이상하다고, 나보다 높은 지위에 있어서 내가 어찌할 방도가 없다고 불평하지 마라. 괴팍한 사람을 상대할 때 그와 똑같은 방식으로 맞서지 마라. 오히려 내가 할 수 있는 부분만 떠올리고 그것이라도 바꿔보도록 노력하자.

성품을 갖춘 사람은 인내심도 강한 법이다. 꾸준히 상대에게 호감과 신뢰를 주다 보면 송곳 같던 상대의 태도도 어느덧 누그러질 것이다. 아울러 "리더십은 지위가 아니라 선택이다." 나보다 높은 지위에 있는 사람이 나의 의견을 어떻게 받아들이는지는 중요하지 않다. 계속 묵살당하고 짓밟히더라도 부드럽게 상대를 설득하고 끊임없이 올바른 방향을 제시해보자. 그렇게 할 수 있는 힘은 바로 '나의 선택'에서 나온다. 아인슈타인도 이렇게 말하지 않았던가. "모든 것은 두 번 창조된다. 한 번은 마음속에서, 또 한 번은 실제로 창조된다." 모든 일은 내 마음에 달려 있다.

당신에게 소중한 것은 무엇입니까
—

밤에 바다 위를 나는 비행기 조종사들은 이따금 균형 감각을 잃어버리곤 한다. 그래서 바다를 하늘로 착각한 나머지 추락하는 사고가 종종 일어난다. 이른바 '버티고vertigo'라고 불리는 비행 현기증이다.

인생도 마찬가지다. 순간의 쾌락과 성공에 집착하다 보면, 정작 내게 소중한 것들을 잃어버리고 좌절하기 쉽다. 인생은 기나긴 여정이다. 목표부터 다잡고 내게 진짜 중요한 것이 무엇인지 생각해보자. 그리고 할 수 없는 것들에 발목 잡혀 좌절하기보다는, 내가 할 수 있는 것을 생각하며 최선을 다하자. '건전한 꿈과 견실한 습관'이라는 스티븐 코비의 모토는 모든 현자들의 진리이기도 하다.

현재 상태에만 주목하면 사람은 바뀌지 않는다. 그러나 자신의 가능성과 변해야 할 이유에 집중하다 보면, 가능성은 어느덧 현실이 된다.

《성공하는 사람들의 8번째 습관》에서 코비가 전해주는 괴테의 명구다. 이 말이 호소력 있게 다가온다면, 당신은 이미 변화의 출발점에 서 있는 셈이다.

스티븐 코비 Stephen R. Covey는 하버드 대학에서 MBA 및 박사학위를, 브리 경영대학에서 박사학위를 받았다. 브리 경영대학에서 조직행동학 및 경영관리학 교수, 교무처장을 지냈다. 인간관계 이론과 자기계발 분야에서 뢰슬리스버거와 엘튼 메이오의 뒤를 잇는 경영 사상가로 평가받고 있다. 《성공하는 사람들의 7가지 습관》, 《소중한 것을 먼저 하라》, 《원칙 중심의 리더십》 등의 저서는 전 세계적으로 2000만 부 이상 판매되었다고 한다.

자기계발 분야의 연구가 주로 얄팍한 처세술에 머무는 데 반해, 스티븐 코비는 원칙과 성품에 기초한 철학적인 인생 설계 방향을 제시했다. 이로써 그는 인성과 실용을 겸비한 새로운 유형의 철학 이

론을 제시했다는 평가를 받고 있다. 2012년 자전거 사고 합병증으로

세상을 떠났다.

현재 상태에만 주목하면 사람은 바뀌지 않는다.
그러나 자신의 가능성과 변해야 할 이유에 집중하다 보면,
가능성은 어느덧 현실이 된다.

내 안의 그림자를
돌보는 법

칼 구스타프 융

가면을 쓴 사람들

—

상처 입고 으르렁대는 짐승은 위험하다. 위협을 느끼는 상황, 짐승은 조그만 자극에도 죽자 사자 달려든다. 우리의 마음도 그렇다. 치열한 생존경쟁, 우리 영혼은 매일 상처 입고 피를 흘린다. 그때마다 울부짖으며 상대를 물어뜯고픈 충동이 불끈거린다.

하지만 인간은 본능을 숨길 줄 아는 동물이다. 성숙한 인격은 치솟는 감정을 꾹꾹 누른다. 그러곤 '페르소나persona'를 얼굴에 뒤집어쓴다. 페르소나는 '가면'이라는 뜻으로, '인격personality'의 어원이 되는 말이다. 우리는 페르소나를 그때그때 상황에 맞게 바꾸어 쓴다. 직장에서는 '과장', '부장', '사원' 등 자신에게 주어진 직함에 맞는 페르소나를 '연기'한다. 자녀 앞에서는 '아빠', 부모님에게는 '아들'이라는 페르소나에 맞게끔 움직인다. 우리 삶은 페르소나를 쓰고 하는 생활 연기의 연속이다.

가면을 쓰고 사는 삶이 행복할까? 칼 구스타프 융은 "빛이 강하면 그림자도 짙어진다."고 말한다. 상황에 맞게 '팀장'으로, '선배'로, '며느리'로 잘 처신하는 사람은 유능해 보인다. 그러나 페르소나를 잘 연기할수록 스트레스도 커지게 마련이다. 속이 썩어가는데도 겉으로는 웃으며 사람을 대하기가 어디 쉽던가. 지위가 올라가고 능력을 인정받을수록, 마음 깊은 곳에서는 헛헛함과 분노가 같이 쌓여간다. 이것이 "빛이 강하면 그림자도 짙어진다."라는 말의 의미다.

누군가를 미워한다는 것은 내 안의 그림자를 마주하는 일
—

하루 종일 여기저기 치이다 보면, 별것 아닌 일에도 벌컥 화를 내기 쉽다. 애먼 물건을 집어던지거나 만만한 사람에게 짜증을 부리는 식이다. 페르소나 뒤에 억눌려 있던 내 그림자가 튀어나오는 순간이다. 성공한 사람 중에는 괴팍한 이들이 적지 않

다. 직장에서는 잘나가지만 가까운 사람들 사이에서는 '폭탄'으로 통하는 이들도 드물지 않다. 자신의 그림자를 돌보지 못한 자들의 모습이다.

그렇다면 나의 그림자는 어떻게 알 수 있을까? 죽도록 미운 사람을 떠올려보라. "저 사람은 아부쟁이야.", "저자는 교활하게 자기 이익만 챙겨." 등등, 비난의 말이 절로 터져 나올 테다. 이때 문장의 주어를 '나'로 살짝 바꾸어보자. "나는 아부쟁이야.", "나는 교활하게 내 이익만 챙겨."

융은 "내 안에 없는 것은 미워할 이유가 없다."고 잘라 말한다. 네 살짜리 아이가 과자 달라고 떼쓰는 광경은 귀엽다. 그러나 특권을 앞세우며 이익을 챙기는 모습에는 분노가 끓어오른다. 왜 그럴까?

우리는 네 살 아이처럼 과자를 탐하지는 않는다. 그러나 특혜를 누리고픈 갈망은 누구에게나 있다. 나는 차마 꺼내지 못하는 바람을 누군가가 감히 펼치려 할 때, 격렬한 감정이 솟구쳐 오를 테다. 누군가를 미워한다는 것은 내 안의 그림자를 마주하는 일이다. 내가 싫어하는 상대의 모습이 나의 감춰진 속마음이라는 뜻이다.

"삶의 전반기가 빛을 좇아가는 과정이었다면 후반기는 내 안의 그림자를 보듬는 시기여야 한다." 융의 충고다. 상처를 내버려둔 채 영원히 달릴 수는 없다. 페르소나가 인생의 전부인 양 살아온 사람은, 페르소나 없이 지내는 법을 잊어버린다. 일터에 아득바득 매달리는 까닭은 수입 때문만은 아니다. 오로지 직장의 페르소나로만 살아온 사람은 일터 밖에서 삶을 꾸리는 법을 모른다. 그러니 자신의 그림자를 감출 또 다른 페르소나를 찾는 데 필사적으로 매달릴 수밖에 없다.

내 안의 그림자를 다스려라

—

통계청에 따르면, 2015년 우리나라 국민의 평균연령은 마흔을 넘어갈 전망이다. 대한민국은 이제 '중년의 위기'에 접어든 모양새다. 언제까지나 경제성장이라는 밝음만을 쫓아 달릴 수는 없다. 이제는 우리 내면의 어두움을 다독이는 데도 공을 들여야 한다. 빛을 향해 가는 길은 쉽다. 목표가 분명하고 뚜렷하게 보이기 때문이다. 하지만 그림자를 다스리는 일은 어렵다. 많은 부분이 어둡게 감춰져 있는 탓이다.

인터넷 세상은 사회의 온갖 일들에 대한 비난으로 가득하다. 덩달아 목소리를 높이기 전에 스스로에게 되물어보라. 내가 손가락질하는 저 허물이 바로 나의 모습은 아닌가? 모든 문제의 해결은 내 안의 그림자를 비추는 데서부터 출발한다. 평균 연령 마흔, '생애 전환기'에 접어든 우리 사회가 갖추어야 할 지혜다.

칼 구스타프 융Carl Gustav Jung은 1875년 스위스 케스빌에서 태어났다. 융의 아버지는 목사였다. 바젤 대학에서 의학을 공부하고 정신과 의사가 되었다. 1900년 취리히 대학 정신과 병동에서 일하면서 적극적으로 정신의학을 연구하게 되었고, 5년 후에는 취리히 대학에서 강의도 시작했다.

융의 생애에 가장 큰 영향을 끼친 사건은 프로이트와의 만남이다. 1907년, 오스트리아 빈에서 처음 만난 두 사람은 서로의 연구에 지지를 보내고 공동연구도 진행하는 등 신뢰를 쌓아갔다. 그러나 이후 융이 프로이트의 이론을 비판하면서 두 사람은 결국 갈라서고 만다.

융은 또한 북아프리카 등을 여행하면서 원주민의 생활을 연구하기도 했다. 이를 토대로 무의식이 개인에게만 있는 것이 아니라, 공동체 구성원들이 공유하는 '집단무의식'도 존재한다고 주장했다.

취리히 공과대학과 바젤 대학에서 교수로 재직했으며, 1961년 여든다섯의 나이로 세상을 떠났다. 《인간과 상징》, 《심리학과 종교》, 《심리유형론》 등 여러 저서들을 남겼다.

착한 사람은
손해 보는 사람일까

플라톤

착하게 보이는 못된 삶을 꾸려라?
—

"정의로운 것보다 정의롭게 보이는 편이 낫다." 플라톤이 쓴 《국가》 첫머리에 나오는 주장이다. 이 말에 소크라테스는 고개를 젓는다. 그는 말한다. 정의로운 척하면서 자기 잇속 챙기는 모습은 옳지 않다. 진정 행복하고 싶다면 정의롭게 살아라.

하지만 젊은이들은 소크라테스가 마뜩치 않았다. 당황한 소크라테스는 정의로운 삶이 왜 행복한지를 애써 증명하려 했다. 그 내용이 《국가》의 500페이지를 채운다. 하지만 마지막 쪽에 이른다 해도 독자의 가슴에는 여전히 미진함이 남을 테다. 왜 우리는 정의롭게 살아야 할까? 이는 설명하기 어려운 문제다.

일상을 둘러보라. 착한 사람은 '물정 모르는 어수룩한 사람' 취급을 받기 십상이다. 그들은 남들 챙기고 부탁 들어주느라 정작 자기는 간수하지 못한다. 반면, 처세 잘하는 이들은 '착한 척하면서 자기 잇속을 확실히 챙기는 사람'일 가능성이 높다.

예컨대, 사업에는 이익이 남아야 한다. 남 좋은 일만 잔뜩 하고 이윤은 못 챙긴 사람이 좋은 평가를 받을 수 있을까? 이런 점에서 본다면 "정의로운 것보다 정의롭게 보이는 편이 낫다."는 말은 진실에 가깝다. 우리는 착하고 올곧게 사는 듯 보여야 한다. 세상은 양심 없고 이기적인 사람을 싫어하기 때문이다. 그렇지만 진짜로 착해서도 안 된다. 도덕 교과서처럼 사는 인간은 쪽박 차기 십상이다. 우리는 '착하게 보이는 못된 삶'을 꾸려야 한다. 살면서 뒤통수 제대로 맞아본 이들은 이 말에 고개를 크게 끄덕일 것이다.

남에게도, 나에게도 착한 사람
—

하지만 플라톤의 《국가》는 고전 중의 고전으로 꼽힌다. 이렇듯 위대한 책이 허튼소리를 늘어놓을 리 없다. 《국가》는 힘주어 말한다. 정의로운 삶은 올바를 뿐더러 행복하기까지 하다. 과연 그럴까? 현실은 그렇지 않다며 책을 던져버릴 독자들도 적지 않겠다.

그러나 마케팅 전문가 이타마르 시몬슨Itamar Simonson과 임마누엘 로젠Emaneul Rosen은 다른 의견을 낸다. 그들에 따르면, 인터넷 세상은 점점 《국가》와 비슷한 결론에 다다르고 있다.

SNS의 위력은 놀랍다. 어설픈 거짓부렁으로 속이려 했다간 아예 매장당할 수도 있다. 이제 '착하게 보이는 못된 삶'을 꾸리기는 여간 어렵지 않다. 꼬리를 잡고 싶어 하는 사람들이 어디 한둘이던가. 그들이 SNS에 올린 의혹은 순식간에 퍼져나간다. 때문에 이타마르 시몬슨과 임마누엘 로젠은 '절대가치'가 무엇보다 중요한 시대가 되었다고 강조한다.

착하고 도덕적이라는 이미지만으로는 충분하지 않다. 세상의 사랑을 받으며 돈도 벌고 싶다면 진짜로 착하고 도덕적이어야 한다. 털어서 먼지 나지 않을 만큼 인격을 다듬으며 바르게 살라는 소리다. 도덕은 돈만큼이나 중요한 '자본'이 되었다. 착하고 믿음직스럽다는 평판은 수억 원의 돈보다 소중한 자산이다.

밑천이 될 만큼 돈을 모으기는 쉽지 않다. 마찬가지로 도덕적이라는 평가를 얻기까지는 적잖은 시간이 필요하다. "정의의 길은 길고 험하고 거칠다." 플라톤의 말이다. 가치 있는 것은 얻기 힘들뿐더러 지키기도 어렵다. 그대는 착하고 순수하며 도덕적인 사람이라는 평가를 받고 있는가? 그렇다면 성공한 인생으로 가는 중요한 열쇠를 손에 넣은 셈이다.

그렇지만 착한 사람으로 산다는 것은 너무 힘들다. 천성적으로 착한 이들은 더욱 그렇다. 그들은 타인에게 상처를 줄까 봐 늘 전전긍긍이다. 그래서 무리한 청을 들어주고 손해를 떠안는다. 착한 사람은 본의 아니게 주변 인물들에게 피해를 주기도 한다. 보증 잘못 서서, 하지 않아도 되는 일을 '착한 팀장'이 떠맡아서 생기는 고통은 한 사람만 아프게 하지 않는다.

착하면서도 자신과 주변의 이익도 오롯이 챙기는 방법은 없을까? 착하다고 해서 늘 손해 봐야 한다는 법은 없다. 착하게 살면서도 이익은 이익대로 쌓아가는 방법도 있다. 심리학자 애덤 그랜트Adam M. Grant는 남에게만 착하지 말고 자기 자신에게도 착한 사람이 되라고 충고한다.

내가 나 자신의 보호자라고 생각해보라. 누군가 나에게 무리한 부탁을 했다 치자. 이런 상황에서 '나의 보호자'는 상대를 어떻게 대할까? 내가 아닌 '나의 보호자'로 세상을 살 때, 올바른 처신이 무엇인지는 분명해진다.

훌륭한 보호자는 내가 이기적일 때 나를 혼내기도 한다. 내 이익을 먼저 챙겨야 하는 경우에도 나를 나 자신의 보호자로 여겨보라. 좋은 부모라면 지금 나의 결정을 옳다고 칭찬해줄지, 배려할 줄 모른다며 야단을 칠지 가늠해보라. 어느 쪽 대답이 나올지를 생각해보면 '착하게 살면서도 손해 보지 않는 삶'이 무엇인지

감을 잡게 될 것이다.

좋은 인생의 기준은 무엇인가
—

플라톤 《국가》의 논의는 어렵고 길다. 그러나 결론은 간명하다. 왜 우리는 정의롭게 살아야 하는가? 플라톤의 대답은 이렇다. "우리 영혼에 좋기 때문이다." 거짓말을 서슴없이 하면서도 죄책감을 느끼지 못할 지경에 이른 사람이 행복할 리는 없다. 설사 부귀영화를 누리며 만족한 인생을 산다 해도 비참하기는 매한가지다. 그는 자신이 배부르고 등 따시기만 하면 세상은 어찌되어도 상관없다는 식의 삶을 산다. 이런 삶은 돼지의 일생과 얼마나 다를까? 돼지 수준에서 만족하는 인생을 부러워할 까닭은 없다. "아름답고 선함kalos agathos", 아리스토텔레스가 말하는 좋은 인생의 기준이다. 과연 자신이 착하고 아름다운 인생을 꾸리고 있는지 반성하고 또 반성할 일이다.

삶의 행복지수를
높이는 방법

에피쿠로스

오늘도 나는 불행하다

—

히말라야 오지 사람들의 삶을 다룬 책《오래된 미래 : 라다
크로부터 배운다》를 읽다 보면, 인류가 풍요로워지고 있는지 아
니면 오히려 가난해지고 있는지 종종 혼란스럽다. 이들은 지금도
수백 년 전과 별다를 바 없이 살아가고 있다. 먹을거리는 조악하
고 전기도 구경하기 힘들다. 심지어 가축의 배설물을 연료로 사
용할 정도다. 그러나 사진 속 사람들의 표정은 최첨단 도시에서
살아가는 사람들보다 훨씬 행복해 보인다.

그 사진은 결코 연출이나 과장이 아닐 듯싶다. 시골에서 자란 우리 어른들도 배고프고 가난했지만 '행복했던' 그 시절을 아련한 미소로 떠올리지 않는가? 반면, 현대 도시의 군중을 찍은 사진 속 사람들의 얼굴에서는 행복을 찾아보기 힘들다. 어둡고 초조한 표정으로 갈 길을 재촉하는 이들이 훨씬 더 많다.

우리는 초가삼간에 살며 푸성귀로 배를 채우던 조상들보다 수백 배는 풍요롭게 산다. 그러나 마음은 오히려 더 가난해졌다. 소형차를 몰아서 자신이 초라하게 느껴지고, 명품 가방 하나 없다는 현실에 한숨이 절로 나온다.

경제가 발전할수록 생활은 힘들어지고 내 몫을 빼앗겼다는 박탈감이 되레 점점 더 커지는 느낌이다. 아마도 '가난한 마음'은 영원히 사라지지 않을 듯싶다. 왜 그럴까? 그 답은 '욕망'에서 찾을 수 있다. 위가 작은 사람은 조금만 먹어도 배가 부르다. 하지만 위가 큰 사람은 훨씬 많이 먹어도 여전히 배고프다. 우리의 자본주의 문명은 뱃구레를 늘리듯, 우리 안의 욕망을 부풀리고 또 부풀린다.

어디서나 흔히 마주치는 광고들만 해도 그렇다. 광고의 목적은 상품을 알리는 데만 있지 않다. 욕망을 불러일으켜 소비자가 갖고 싶게 만들어야 한다. 이렇듯 자본주의 사회에서 욕망은 항상 필요보다 커야 한다. 그래야 물건이 팔리고 경제도 돌아가지 않겠는가? 문 하나짜리 냉장고를 갖고 있는 사람이 문 두 개 달린

냉장고를 탐내고, 대형 텔레비전을 갖고 있어도 더 좋은 것으로 바꾸고 싶게 만들어야 '장사'가 된다는 뜻이다.

우리는 채워지지 않는 욕망 때문에 불행하다. 그런데 현대 문명은 우리의 욕망을 자극하여 더 크게 만든다. 그렇다면 우리가 행복해지기 위해서는 어떻게 해야 할까? 여기에 대해 에피쿠로스는 명쾌한 진단과 처방을 내려준다.

세 가지 쾌락

—

사람들은 에피쿠로스를 흔히 '쾌락주의자'라고 부른다. 인생에서 쾌락을 제일 중요하게 여겼다는 점에서 에피쿠로스는 확실히 쾌락주의자가 맞다. 그러나 그가 쾌락을 즐기는 방식은 남다른 데가 있다. 그는 욕망을 부풀려서 더 큰 즐거움을 얻으려 하기보다는, 거꾸로 욕구를 줄여서 만족을 얻으려고 했다. 동양적으로 표현하자면, '안분지족安分知足'이라고 할 수 있지 않을까?

그는 쾌락을 세 가지로 나눈다. 첫째는 '필수적인 쾌락'이다. 이는 배고픔, 졸림, 추위 등이 해결되었을 때 얻는 쾌감이다. 둘째는 '필수적이지 않은 쾌락'이다. 좋은 음식과 호화로운 잠자리, 화려한 옷 등이 여기에 해당한다. 셋째는 '공허한 쾌락'이다. 명성이나 인기를 누리고 싶은 욕심을 예로 들 수 있겠다.

에피쿠로스는 우리가 가난하고 괴로운 이유는 대부분 '필수적이지 않은 쾌락'과 '공허한 쾌락'을 얻으려는 데서 생긴다고 충고한다. 하지만 이를 얻기 위해서는 "많은 노력이 필요하나, 항상 원하는 만큼의 쾌락을 얻지는 못한다."

예를 들어보자. 배가 몹시 고플 때는 어떤 음식을 먹어도 맛있다. 그런데 출출하지 않은데도 음식을 먹기 위해서는 어떻게 해야 할까? 갖은 양념과 고명으로 더 자극적인 맛과 때깔을 내기 위한 노력이 들어가야 한다. 그렇지만 그때 얻는 쾌감은 배고플 때만 못하다. 자연이 준 욕구를 채우는 방식은 간단하다. 배고플 때 먹고, 졸릴 때 자면 된다. 그러나 그 이상을 원하기 시작하면 고통이 찾아온다.

자연 그대로였다면 결코 생각하지도 원하지도 않았을 욕망을, 문명은 자꾸만 일깨우고 자극한다. 문명이 만들어놓은 욕구는 채우면 채울수록 더 큰 공허함과 불행을 가져다줄 뿐이다. 원래 없던 욕망이니 채워져도 허탈한 마음이 드는 것은 당연하다. 그런데도 우리는 더 크고 화려한 욕망에 집착한다. 현대인들이 풍요로워질수록 자신이 더 가난하고 볼품없다고 느끼는 근본 원인은 여기에 있다. 부자일수록 돈에 집착하고, 재벌가일수록 재산 다툼이 심하지 않은가?

그래서 에피쿠로스는 말한다. "빵과 물만 있다면 신도 부럽지 않다."라고. 채워지지 않는 욕망 때문에 괴로운가? 남들만큼 돈도 많지 않고 좋은 차도 없고 집도 작아서 고민인가? 그렇다면 거꾸로 생각해보라. 욕망이 자라나는 대로 채우려 하지 말고, 가차 없이 욕망을 줄여버리자! 자연이 허락하는 딱 그만큼으로 말이다.

자연적인 욕구에 만족하는 삶

—

　　에피쿠로스의 말이 조금은 황당하게 들릴지도 모르겠다. 그렇지만 에피쿠로스의 가르침은 현실에 아주 쉽게 적용된다. 일단 자연적인 욕구에 만족하는 습관을 들이자. 청빈하고 간소한 생활을 하는 수도자의 얼굴에 늘 배어 있는 잔잔한 미소는 이런 생활 태도에서 나온다. 나아가 에피쿠로스는 '철학함'과 '우정'도 '필수적인 쾌락'에 넣는다. 철학philosophy이란 원래 '지혜sophia에 대한 사랑philos'이라는 뜻이다.

　책을 좋아하는 사람과 비싼 고급 술을 즐기는 사람을 비교해보자. 지식에 대한 흥미가 넘치는 사람은 만 원을 주고 산 책 한 권으로 일주일을 행복하게 보낸다. 하지만 고급 술을 즐기는 이는 어떤가? 술을 마시는 데 돈을 억수로 퍼붓고서도, 그 즐거움은 극히 짧은 순간에 그친다. 그 뒤에 남는 것은 망가진 건강과 가벼워진 지갑이다.

식욕과 성욕 같은 육체의 욕망에 탐닉하다 보면 부작용이 생기게 마련이다. 음식이 맛있다고 지나치게 많이 먹으면 늘어진 뱃살과 높은 혈압으로 우울해지기 쉽다. 그렇지만 지적인 쾌락은 그렇지 않다. 수학 문제를 많이 풀고 독서를 많이 했다고 우울증에 빠지는 일은 여간해서 없다. 지적인 쾌락은 추구하면 추구할수록 더 큰 즐거움을 낳을 뿐 고통을 남기지 않는다.

우정도 마찬가지다. 에피쿠로스는 '모든 사람에 대한 인간애 philanthropia'로 유명했던 사람이다. 무엇을 얻기 위해 친해지려는 인간관계는 항상 피곤한 법이다. 그러나 상대에게 얻을 것도 줄 것도 없는 상태에서 사람을 사귄다면 어떨까? 순수하게 만남의 즐거움만이 남을 뿐이다. 사회에서 만난 친구는 만날 명분이 사라지면 곧 잊히지만, 어린 시절 친구는 평생 간다. 그 이유는 설명할 필요도 없을 것이다.

더구나 생활이 단순하고 가진 것이 적을수록, 진실한 우정을 나눌 가능성도 커진다. 상대가 나에게 얻을 수 있는 것이 자연이 준 우정과 지적 즐거움뿐이라면, 관계 속에서 이익을 챙기려는 불순한 의도가 자라지 못한다.

행복은 무엇으로 완성되는가

—

에피쿠로스는 '정원 공동체'를 이루고 살았다. 한적한 시골 마을에서 '음식을 장만하는 데 하루에 1므나(아테네의 화폐 단위)의 돈도 쓰지 않고, 포도주 4분의 1리터로 만족하면서' 좋아하는 친구들과 어울리는 즐겁고도 유쾌한 생활을 했다. 신분이나 가진 것으로 사람을 차별하지 않았으니, 그의 공동체에는 창녀나 노예도 많았다.

어찌 보면 에피쿠로스의 공동체는 고대판 히피hippie라고도 할 수 있다. 장발과 통기타로 상징되는 히피는 물질문명과 속물적인 가치에 냉소를 보낸다. 그리고 권위를 거부하고 자유로움을 추구한다. 이들은 거짓 욕망을 거부하고, 사랑의 자유와 전쟁 반대, 인종차별 반대 등을 외치며 최소한의 욕망만으로 행복해지기 위해 노력한다. 에피쿠로스가 '정원 공동체'를 이루었듯, 이들도 숲 속이나 큰 도시 한복판에 '히피 빌리지'를 만들어 함께 살았다.

하지만 히피에 대해 좋은 인상을 가진 사람들은 그다지 많지 않다. 에피쿠로스도 마찬가지였다. 에피쿠로스의 공동체는 끊임없이 '변태 소굴'이라는 오해를 받곤 했다. 히피가 마약 중독과 성적 탐닉, 허무주의와 퇴폐라는 부정적인 이미지로 우리에게 남아 있듯이 말이다.

여기서 우리는 에피쿠로스에게서 또 다른 교훈을 얻을 수 있다. 에피쿠로스의 말처럼 욕구를 절제하고 순수한 우정을 쌓는 일도 중요하지만, 그에 못지않게 비전과 야망 역시 우리 삶에서 무척이나 소중하다. 인간은 사회적 동물이고, 삶의 의미는 사회를 떠나서 생각하기 어렵다. 단순히 고통을 피하고 자신의 행복을 찾는 데만 안주하는 삶은 결국 허무와 퇴폐로 이어지기 쉬운 탓이다.

헛된 욕망에 휩쓸리지 말 것, 그리고 삶을 건전하게 살찌울 비전과 포부를 가질 것. 에피쿠로스의 가르침과 생애는 '욕망에 흔들리는 갈대'인 우리에게 이 두 가지 교훈을 던져준다.

에피쿠로스Epikouros는 기원전 341년경 도시국가 아테네의 식민지 사모스 섬에서 태어났다. 그의 어린 시절 기록은 거의 남아 있지 않다. 열여덟 살에 에피쿠로스는 최고의 교육을 받을 수 있는 기회를 접하게 된다. 2년간의 군대 의무를 지기 위해 '교육의 도시' 아테네로 가게 된 것이다. 그러나 이곳에서 그는 마음에 드는 스승을 만나지 못했던 것 같다. 그는 '공식적으로는' 어떤 학교에도 다니지 않았을 뿐 아니라 후에도 항상 "나의 스승은 바로 나 자신"이라고 주장하고 다녔으니 말이다.

에피쿠로스가 아테네에 머무는 동안 사모스 섬에서 큰 혼란이 일어났다. 섬에서 아테네 사람들이 모두 추방되자 그의 가족들도 소아시아에 있는 콜로폰으로 이사를 해야 했다. 이곳에서 그는 "모든 것은 원자로 구성되어 있다."라고 주장한 데모크리토스의 사상에 깊이 빠져들었으며 쾌락 추구를 인생의 목적으로 보았던 키레네 학파의 사상에 몰두하기도 했다.

35세를 전후해 에피쿠로스는 아테네 교외에 있는 정원을 사들여 소박한 생활 속에 은둔하며 두터운 우정을 나누는 철학 공동체를 만들었다. 이 '정원 공동체'를 만든 후 에피쿠로스는 수많은 스캔들에 시달렸다. 여러 매춘부들을 애인으로 삼았다든지, 너무 먹어대는 나머지 하루에 두 번씩 토한다는 해괴한 소문이 정원 주변을 끊임없이 맴돌았다. 에피쿠로스는 방광에 돌이 생겨 무려 14년 동안 심한 통증에 시달리다가 기원전 270년 사망했다. 그는 모든 고통과 두려움을 철학적인 명상으로 이겨냈다고 한다.

상대가 나에게 얻을 수 있는 것이
자연이 준 우정과 지적 즐거움뿐이라면,
관계 속에서 이익을 챙기려는
불순한 의도가 자라지 못한다.

무엇이 품위 있는 삶을 가능하게 하는가

헬렌 니어링

넘쳐나는 음식은 재앙이다
—

　　고대 로마의 잘사는 사람들이 잔치를 열 때는 거위 깃털이 필요했다. 맛있는 음식이 많아도 배가 부르면 먹지 못한다. 그래서 그들은 거위 깃털을 목구멍에 넣어 게워낸 뒤 또다시 먹었다고 한다. 식탐을 부리는 이런 습관은 별로 좋지 않았을 듯싶다. 끊임없이 위를 채웠다가 토해내는 일이 과연 몸에 좋을까? 수십 명이 충분히 먹을 음식으로 뱃속을 그득하게 채우면 기분이 상쾌할까? 생각할수록 비합리적이고 지저분한 식습관이다.

그러나 우리네 식생활도 고대 로마의 그것과 별반 다를 게 없다. 허기를 느껴서 밥을 먹던 시대는 지나갔다. 우리는 입맛이 당기지 않아도 끼니때가 되면 자동적으로 식당을 찾도록 길들여졌다. 그리고 '입맛을 살릴' 무엇을 찾아 꾸역꾸역 위를 채운다. 그런 까닭에 어떤 이들은 먹고 나면 기분이 불쾌해진다고 말하기도 한다. 다이어트는커녕 몸을 더 불리기만 했다는 걱정에서다. 나아가 숱한 이들이 굶어 죽고 있는 가난한 나라를 생각하면 괜스레 뒷목이 당긴다.

이러저러한 이유로 우리 사회에서는 웰빙 바람이 한창이다. 건강하려면 몸에 좋은 먹을거리에 길들여진 입과 절제하는 식습관을 가져야 한다. 하지만 그렇게 되기란 쉽지 않다. 우리 주변에는 입에 착 달라붙지만 몸에 해로운 먹을거리들이 얼마나 많은가! 유혹을 이겨내기란 여간 버겁지 않다.

점점 수치가 올라가는 혈압과 체중계 바늘이 걱정이라면, 헬렌 니어링과 스콧 니어링에게서 지혜를 구해보라. 부부인 두 사람은 도시를 버리고 시골로 들어가 채식을 하면서 수십 년을 살았다. 스콧 니어링은 100세까지 건강하게 살다가 스스로 음식을 끊어 품위 있게 삶을 마쳤다. 부인인 헬렌 역시 91세에 교통사고로 죽음을 맞을 때까지 '건강이 만성인 상태로' 살았다. 뱃살 때문에 고민하는 이들은 웰빙의 교과서 같은 그네들의 삶에서 느끼는 바가 많을 터다.

그것이 왜 맛있는지 생각해보라

—

먼저, 니어링 부부가 현대인의 식습관을 어떻게 바라보았는지 살펴보자. 그네들 눈에 비친 우리의 음식 문화는 이상하기 그지없다.

문명사회에 사는 치들은 레스토랑이나 비행기, 바 같은 곳에서 식사를 한다. 커튼을 쳐서 더러운 공기와 시끄러운 소리로 가득한 곳에서, 불을 밝히고 밥을 먹는다. 오래전에 잡아서 냉동시켜놓았던 고기에, 몇 년씩 선반 위에 놓여 있던 통조림에 든 재료를 따서 요리한 음식을 먹는다. 이 썩은 음식에 갖가지 소스까지 뿌려댄다. 참 대단한 식사다!

— 헬렌 니어링, 《헬렌 니어링의 소박한 밥상》에서

그뿐 아니다. 사고파는 음식은 돈에서 자유롭지 못하다. 먹을거리로 이익을 남기려면 되도록 싼 재료를 쓰되 사람들의 입맛을 돋우도록 만들어야 한다. 아무리 양심적인 식품 업자라 해도 마찬가지다. 먹는 사람의 건강을 챙기려 해도, 음식을 팔아 남는 게 있어야 하지 않겠는가! 그러니 입에는 달지만 몸에는 해로운 얄팍한 먹을거리들이 판치게 마련이다. 그 결과 진짜 몸에 좋은 음식들은 외면받기에 이르렀다. 화학조미료에 길들여진 요새 아이들을 떠올려보라. 니어링 부부가 말하려는 바가 무엇인지 분명하게 다가올 것이다.

그렇다면 건강한 먹을거리를 찾는 방법은 무엇일까? 니어링 부부의 원칙은 간단하다. "얼마나 맛좋은 음식이냐가 아니라 얼마나 영양가 있는지에 신경을 써라." 헬렌 니어링은 더 분명하게 일러준다. "가로세로 9×15센티미터 카드에 다 적지 못할 조리법이라면 던져버려라."

음식은 간단하고 소박해야 한다. 배고픔과 목마름을 채우는 데만 충실한 요리법은 몸을 상하게 하지 않는다. 맛깔스러운 조리와 양념은 거짓 허기를 불러일으켜 우리 몸에 해로움만 준다.

소금만 해도 그렇다. 소금을 뿌리는 이유는 원래 음식 재료가 썩지 않게 하려는 데 있었다. 그러나 우리의 입맛은 소금에 인이 박여버렸다. 소금 없는 자연 그대로의 재료는 밍밍하여 좀처럼 끌리지 않는다. 양념도 마찬가지다. 여러 향신료는 썩고 상한 재료를 감추기 위해 쓰였던 것들이다. 그럼에도 양념에 익숙해진 우리의 혀는 싱싱한 재료보다 강한 소스에 더 끌리곤 한다.

바로 딴 사과에 소스를 뿌리는 사람은 없다. 하지만 구우면(조리해서 사과를 '죽이면') 그때는 계피나 너트메그, 설탕, 메이플 시럽, 건포도, 크림 등을 넣어 맛을 낸다.

곡식도 마찬가지다. 곡식은 씨눈과 껍질까지 모두 붙어 있을 때 가장 영양가가 높다. 그런데도 우리는 곡식의 껍질을 벗겨 하얗게 빻아서 모든 양분을 날려버린다. 그래놓고 첨가물을 잔뜩 부어넣은 뒤 부족한 영양분을 채워 시장에 내놓는다. 얼마나 어리석은 짓인가!

진정한 허기와 목마름만 채워주도록 하라. 입맛만 당기는 얄팍한 음식은 담배나 마약만큼 위험하다. 이것들은 중독성이 있어서, 한번 길들여지면 정작 몸에 좋은 먹을거리들은 멀리하게 만든다. 양념은 원래 재료의 풍미를 살리는 데 그쳐야 한다. "양념은 센스 있게 하세요!" 헬렌 니어링이 어느 부인의 말을 빌려 우리에게 던지는 충고다.

자유로운 생활을 되찾아주는 습관

—

니어링 부부의 식습관은 생각에 그치지 않았다. 그네들은 생활 속에서 자신들의 원칙을 실천했다. 채식주의자였던 그들은 육식을 '썩은 시체'를 먹는 일이라며 엄격하게 피했다. "육식은 불필요하고, 합리적이지 못하고, 인간의 소화기관에 맞지 않을뿐더러, 건전하지 못하고, 비위생적이며, 경제적이지도 못하고, 아름답지 않으며, 잔혹하고, 비도덕한 일이다."

니어링 부부가 육식을 피했던 이유는 단지 건강에만 있지 않았다. 자연을 파괴하고 학대하는 문명에 맞서 그들은 결연하게 말했다. "우리는 지상의 모든 것에 동정심을 갖고, 최대한 많은 것에 이로움을 주고, 폐는 최소한으로 끼치도록 노력해야 한다."

고기를 먹지 않아도 살아가는 데는 아무 지장이 없다. 동물을 기르는 일은 사람을 노예로 만든다. 동물을 돌보는 데 하루 종일 신경을 써야 하는 까닭이다. 그렇게 소중히 기른 짐승을 잡아먹는 일은 마음까지 황폐하게 만든다. 그러니 자유인으로 고결하게 살려면 식생활부터 깨끗해져야 한다!

그들은 식탁을 과일 35퍼센트, 야채 50퍼센트, 단백질 10퍼센트, 지방 5퍼센트 정도로 채웠다고 한다. 야채는 녹색, 황색, 수분이 많은 채소를 각각 3분의 1 정도씩 섞어놓았다. 또한 상차림을 단출하게 하여 적은 수의 음식만을 먹도록 식단을 짰다. 과식을 막기 위해서다.

이처럼 남을 배려하는 식습관은 건강을 선물로 준다. 소박한 먹을거리들은 니어링 부부가 100세에 다다를 때까지 그들의 건강을 지켜주었다.

니어링 부부의 이야기를 듣고 이건 아니라며 고개를 저을 사람은 없다. 채식과 소박한 식사가 몸에 좋다는 사실을 그 누가 모르겠는가. 문제는 실천에 있다. 어떻게 하면 기름지고 푸짐한 음식의 유혹을 뿌리칠 수 있을까?

니어링 부부의 대답은 이렇다. 음식 습관은 결국 '생활의 문제'다. 생활이 상큼하고 건전하면 먹을거리도 소박하고 깔끔해진다. 스트레스 가득한 꼬여가는 일상은 뱃구레를 그득하게 하는 해로운 음식들을 찾게 만든다.

니어링 부부의 일상은 무척 바지런했다. 그렇다고 이들이 죽어라 일만 한 것은 아니다. 알맞은 때에 일을 마쳤으며, 결코 지칠 때까지 일하지 않았다. 몸을 가꾸려고 일부러 체육관을 찾기보다는 일상의 노동 가운데 몸을 써서 근육을 단단하게 했다. 욕심을 버리면 일에 치이거나 사람들에게 시달리는 괴로움에서 벗어나기가 쉬워진다. 그러면 스트레스를 풀려고 음식에 매달리는 일에서도 멀어진다.

니어링 부부의 삶에는 속도감이 있었다. 그들은 4 : 4 : 4 규칙을 생활 원칙으로 삼았다. 하루에 4시간은 살기 위한 일에, 4시간은 전문적인 활동에, 나머지 4시간은 지역 주민으로서, 국민으로서 사회 활동에 쓴다는 의미다.

이들의 생활 규칙은 우리가 따라 하기에도 큰 무리가 없다. 대개 사람들이 일하거나 공부하는 '일과'는 하루 8시간 정도다. 그렇지만 집중해서 해보라. 어지간한 일은 4시간 안에 끝낼 수 있다. 그렇게 생긴 4시간을 자신을 키우는 일에 써보자. 예컨대, 직장인이라면 관련 업무에 대한 지식을 쌓는 데, 학생이라면 독서와 운동을 하는 데 시간을 쏟아보자. 그리고 8시간을 제외한 나머지 4시간은 친구를 만나거나 사회에 봉사하고 참여하는 일에 쏟아라.

일상생활이 규칙적이고 건강하면 식습관도 차분해지고 리듬감이 생긴다. 니어링 부부는 자신들의 삶을 이렇게 평가한다. "우리는 시골에서 농사지으며 몸도 튼튼해지려고 했지만 사회생활도 튼실하게 가꾸려고 힘썼다."

식습관을 바꾸는 일은 무척 어렵다. 그러나 자신의 생활을 원칙대로 이끌어갈 만큼 의지가 강한 이들은 식습관 또한 건강하게 꾸릴 수 있다. 혹시 매번 다이어트에 실패하고 있지는 않은가? 그렇다면 먹는 문제에만 파고들지 말고 생활습관 전체를 점검해보자.

아쉬울 것도, 부족한 것도 없는 삶을 위하여
—

니어링 부부는 잘나가던 지식인 부부였다. 그럼에도 그들은 스스로 도회지를 떠나 시골로 찾아들었다. 그리고 죽을 때까지 농사를 지으며 살았다. 불필요한 욕심을 떨쳐버린 그들에게는 아쉬울 것도, 부족한 것도 없었다.

자본주의 사회는 욕심을 돋우고 소비를 부추긴다. 그래서 생활은 늘 부족하고 조급하다. 급한 마음은 생활을 이리저리 꼬이게 하고, 먹을거리 또한 흩뜨려놓는다. 식욕의 고삐를 놓쳐버린 일상은 또다시 삶을 게으르고 나태하게 바꾸어버린다.

니어링 부부의 삶은 자본주의에 찌든 우리의 삶에 대안을 준다. 그들은 "잔치하듯 먹지 말고 금식하듯 먹어라."라고 충고한다. 욕심은 채울수록 더 커진다. 자라나는 욕심은 내 삶을 더 부족하고 각박하게 만들 뿐이다. 마음을 비우고 생활을 다스려보라. 생활에 절제가 뿌리내리면, 그대의 뱃살도 줄어들 것이다.

스콧 니어링Scott Nearing은 1883년 미국의 한 탄광도시에서 태어났다. 부유한 집안에서 태어난 그는 경제학을 공부했으며, 펜실베이니아 대학과 톨레도 대학에서 학생들을 가르쳤다. 하지만 정치적으로 민감한 부분을 자주 지적하여, 경영자들의 눈 밖에 나서 해고당하기를 반복했다. 스스로를 근본주의자radicalist로 여겼던 스콧은 이익을 위해 다른 이들을 착취해야 하는 자본주의의 문제를 끊임없이 제기했다. 또한 모든 전쟁에 반대했던 그는 전쟁을 반대하는 논문을 발표하여 적국의 스파이라는 혐의를 받기도 했다. 물론 무죄 판결을 받았으나, 그는 이후 사회를 개혁하려는 노력보다는 농촌에서 대안적인 삶을 꾸려가기로 결심하게 된다.

헬렌 니어링Helen Nearing은 1904년 미국 뉴욕에서 태어났다. 바이올린을 공부했으며, 가족이 모두 채식주의자였다고 한다.

1928년, 스콧과 헬렌은 사랑에 빠지게 된다. 뉴욕에서 교사를 했던 두 사람은 이후 자본주의 사회에서 독립하여, 자연에서 건강한 생활을 일구는 대안적인 삶을 꿈꾸게 되었다. 니어링 부부는 1932년 버몬트에 들어가 농장을 가꾸었다. 하지만 버몬트가 관광지로 개발되어 사람들이 몰려들자 그곳을 떠나 1952년 봄에 메인으로 이사를 갔다. 두 사람은 자급자족하며 생활을 가꾸었으며, 채식주의자로서의 식생활을 죽을 때까지 지켰다. 또한 농사를 짓지 못하는 겨울에는 강연과 집필 등을 했다.

스콧 니어링은 1983년, 100세가 되던 해 스스로 음식을 끊어 품위 있는 죽음을 맞았다. 헬렌 니어링은 1995년, 예기치 않은 교통사고로 숨을 거두었다. 둘 다 마지막까지 일을 하고 스스로 생활을 꾸릴 만큼 건강한 삶을 살았다.

'시장'의 욕망에서
자유로워지려면

마르쿠제 —

욕망을 짜내는 사회

—

　식욕, 성욕, 수면욕은 본능이다. 이런 욕구는 채우고 나면 수그러든다. 하지만 충분히 먹고 배부르게 잔 뒤에도 이런 욕망에 매달린다면 어떻게 될까? 먹고 싶지 않은데도 더 먹으려고 노력하고 자고 싶지 않은데도 더 자려고 애쓰는 모습은 변태스럽다. 육체적 사랑의 경우는 더 말할 것도 없겠다.

　이 점에서 보면 자본주의는 '변태'에 가깝다. 우리 시대의 경제 문제란 물자 부족을 뜻하지 않는다. 상품들은 언제나 남아돈다.

때문에 기업과 정부는 어떻게 하면 욕망을 부추겨 더 많이 소비하게 할지를 놓고 머리를 싸맨다. 없는 욕구를 만들어내어 더 누리도록 애쓴다는 점에서 자본주의는 충분히 변태적이다.

하지만 변태적 욕망의 뒤끝은 언제나 좋지 않다. 무엇을 하건 더 새로운 것, 더 짜릿한 것을 바라게 되는 탓이다. 또한, 적잖은 헛헛함과 후회를 남기곤 한다.

이런 상태에서 벗어나고 싶다면 어찌해야 할까? 일단 적당한 수준에서 만족할 줄 알아야 한다. 하지만 자본주의는 욕망을 내려놓도록 하지 않는다. 더 좋은 것을 사서 더 많이 즐기고픈 마음이 사라지면 경제도 자라날 수 없기 때문이다.

일차원적 인간과 이차원적 인간
—

철학자 마르쿠제는 사람들이 '일차원적 인간'이 되어버렸다고 한숨을 쉰다. 일차원적 인간이란 풍요에 젖어 현실에 대한 비판정신이 사라진 사람을 뜻한다. 효율성을 좇는 시장 논리에는 기괴한 면이 있다. 우리는 역사상 가장 풍요로운 시대를 산다. 생산된 물자들은 주체하지 못할 만큼 넘쳐난다. 그럼에도 경쟁은 배고픔에 시달리던 시대보다 오히려 더 치열하다. '무한 경쟁'이라는 말이 자연스러울 정도다. 왜 그럴까?

드라마나 광고에서 그려지는 삶은 언제나 내 생활보다 멋지고 화려하다. 우리가 궁핍함과 신산스러움에서 빠져나오지 못하는 이유는 여기에 있다. 대중매체에서 그려지는 '멋진 인생'과 자신의 현실을 비교하게 되는 탓이다.

마르쿠제는 자본주의가 이끄는 삶이 '비이성적'이라 잘라 말한다. 한편에서는 열심히 일하고 절약해서 돈을 모으라고 하고, 다른 한편으로는 욕망을 키워 더 많이 소비하라고 부추긴다. 밑 빠진 독에 물 붓기 식의 논리다. 이렇게 해서는 절대 행복에 이를 수 없다. 그렇다면 어찌해야 할까?

마르쿠제는 이렇게 말한다. "주인을 자유롭게 선택한다고 해서, 노예가 아닌 것은 아니다. 마찬가지로 다양한 상품과 서비스를 고를 수 있어도, 생활의 고통과 생존의 공포가 계속된다면 우리는 자유롭지 않다."

그는 사람들에게 일차원적 생각에서 벗어나 이차원적 삶을 살라고 강조한다. 일차원적 인간은 "광고에서 그리는 삶, 휴가 가서 놀고 즐기는 모습, 소비 형태들, 사랑하고 미워하는 방식들"을 바란다. 하지만 이는 자기 욕구가 아닌 시장이 심어놓은 욕망일 뿐이다.

반면, 이차원적인 인간은 "새로운 감성으로 새로운 합리성을 찾는다." 그는 주어진 현실을 생각 없이 살지 않는다. 이차원적인 인간은 우리 사회가 어떠해야 하는가를 끈질기게 되묻는다.

"주인을 자유롭게 선택한다고 해서,
노예가 아닌 것은 아니다.
마찬가지로 다양한 상품과 서비스를 고를 수 있어도,
생활의 고통과 생존의 공포가 계속된다면
우리는 자유롭지 않다."

• 마르쿠제 •

이 점에서 마르쿠제는 묘하게 슘페터Joseph Schumpeter를 떠올리게 한다. 슘페터는 '창조적 파괴'를 강조했던 경제학자다. 남과 다른 생각과 노력, '혁신'은 자본주의 발전을 이끌어간다. 새로운 기술과 효율적인 판매 방법은 생산비를 낮추고 이익을 높인다. 문제는 이제 혁신이 한계에 다다랐다는 데 있다. 새로운 시장은 좀처럼 열리지 않고 돈도 제대로 돌지 않는다. 세계 경제는 점점 나락으로 추락하는 중이다.

이런 상황에서 마르쿠제의 이차원적 인간은 새로운 '혁신'이 되지 않을까? 기업은 세상의 욕구를 알아내는 데 목을 맨다. 그러나 마르쿠제는 세상이 바라는 것보다 "세상이 어떻게 바뀌어야 하는가?"부터 따져보라고 충고한다.

만들어낸 욕망에 휘둘리지 않는 법
—

우리는 춥고 배고픈 시대에 살고 있지 않다. 그럼에도 왜 삶은 여전히 위태롭고 불안할까? 마르쿠제는 사회를 바꿀 세력으로 "학생들, 추방된 사람, 억압받은 인종적 민족적 소수자들", 그리고 "실업자와 취업이 불가능한 자들"을 꼽는다.

세상을 바꿔야겠다는 문제의식은 가장 어렵고 절박한 처지에 있는 사람에게서 나오곤 한다. 맨 땅에 헤딩하는 식으로 뛰어드

—— 서툰 인생을 위한 철학 수업

는 벤처와 스타트업 기업들은 혁명가여야 한다. 세상이 무엇을 바랄지보다, 세상은 어떻게 바꿔어가야 하는지, 이를 위해서는 무엇을 해야 하는지부터 묻는 것이야말로 시대의 한계를 넘는 돌파구이지 않을까? 청바지와 검은색 터틀넥을 입은 스티븐 잡스에게서 혁명가 체 게바라의 이미지가 풍기는 것은 우연이 아니다.

헤르베르트 마르쿠제Herbert Marcuse는 1898년 베를린의 유대계 집안에서 태어났다. 프라이부르크 대학에서 철학박사 학위를 받았고, 1929년에는 마르틴 하이데거Martin Heidegger의 지도 아래 교수 자격 논문 작업에 들어갔다. 그러던 중 나치 독일의 유대인 탄압이 시작되었고, 마르쿠제는 2차 세계대전 중 미국으로 망명했다. 이후 브랜다이스 대학, 캘리포니아 대학 등에서 교수로 재직하며 연구를 이어 나갔다.

마르쿠제는 헤겔, 마르크스, 프로이트 이론의 연구자이자 동시에 고도산업사회에 대한 비판적 이론가라는 평가를 받고 있다. 대표 저작으로 고도산업사회에서 인간의 생각과 행동이 체제에 완전히 순응하여 사회를 개혁하는 능력을 잃어버렸음을 날카롭게 파헤친 《일차원적 인간》이 있다. 1979년 서베를린 방문 도중 심근경색으로 세상을 떠났다.

기꺼이 곁을 내어주는 법

철학에 관계를 묻다

진정한 이해는 자신을 비울 때 비로소
내 방식대로 상대를
상대의 눈에 세상이 어떻게

이루어진다.
대하거나 '해석'해서는 안 된다.
비칠지를 먼저 따져야
제대로 된 관계를 맺을 수 있다.

고집불통들이
내 삶을 어지럽힐 때

장자

내 말대로 하면 더 좋을 텐데

—

틀어진 인간관계만큼 마음을 힘들게 하는 것도 없다. 무슨 말을 해도 통하지 않는 상황, 벽에다 이야기하는 것 같은 느낌. 이런 절망감은 부모님이나 친한 벗과의 사이에서 더 자주 찾아든다. 어느 정도 관계가 동뜬 사람과는 예의를 차리며 말을 가린다. 그래서 정면으로 부딪힐 일도 적다. 하지만 나를 가장 잘 알고 이해할 것이라 생각했던 사람이 몽니를 부리면 억장이 무너진다. 가릴 것 없는 사이라 더 험한 말이 오간다.

목소리 높이고 핏대 세우며 싸우고 나면 안타까움이 밀려든다. '왜 저 사람은 꽉 막힌 벽창호 같을까?', '내 말대로 하면 더 좋을 텐데, 왜 어리석게도 스스로 망하는 길로 접어드는 걸까?', '나의 진심을 알아듣게끔 전해줄 방법은 없을까?'

이런 답답함으로 화병을 키우고 있다면, 장자를 만나보라. 장자는 무리 없는 삶을 강조하는 철학자다. 욕심을 버리고 물 흐르듯 살아가면 갈등이 생길 리 없다. 그렇다면 내 삶을 어지럽히는 고집불통들을 어떻게 대해야 할까? 장자는 이 물음에 명쾌한 답을 준다.

나의 행복이 상대의 행복은 아니다
—

《장자》첫머리에는 유명한 대붕大鵬 이야기가 나온다.

북쪽 깊은 바다에 곤鯤이라는 물고기가 살았다. 물고기는 매우 커서 길이가 몇천 리가 되는지 알 수 없었다. 이것이 변하여 붕鵬이라는 새가 되었다. 그 새는 등이 몇천 리인지 알 길이 없을 정도로 크다. …(중략)… 이 새가 한번 기운을 모아 남쪽 깊은 바다로 날아가면, 파도가 일어 삼천 리 밖까지 퍼지며 …(중략)… 여섯 달 동안 구만 리를 날고 나서야 비로소 내려와 쉰다.

이런 대붕을 보고 메추라기가 밑에서 비웃는다. "저 새는 저렇게 날아서 어디로 간단 말인가? 나는 한껏 뛰어올라봐야 곧 내려앉고 말아서 이 나무에서 저 나무로 옮겨갈 뿐인데, 도대체 대붕은 (무엇 하러 쓸데없이) 저렇듯 높이 날아올라 멀리 가려고 하는 것일까?"

여기서 우리는 메추라기를 비웃을지 모른다. 대붕의 높은 뜻을 어찌 메추라기가 알까 싶다. 그러나 입장을 바꿔 생각해보자. 메추라기로서는 나무 사이만 날아다녀도 충분하다. 작은 날개로 몇 천 리를 날아간다 해서 그리 대단한 이익이 생길 리 없다. 좁은 공간을 날아다녀도 메추라기는 자유롭고 행복하다. 그러면 충분하지 않은가? 뭐하러 메추라기가 대붕을 꿈꾸어야 하는가?

이 이야기를 우리 일상에 비추어보자. 상대방이 나의 깊은 뜻을 모른다고 속상해하지 마라. 중요한 것은 상대의 행복이다. 내 말을 잘 따라 상대방이 많은 돈을 벌었다 해도, 그가 꼭 행복해지리라는 법은 없다. 돈이 많으면 행복하리라는 믿음은 나의 생각일 뿐이다. 비록 수입은 적어도 지금의 삶에 만족한다면 그게 바로 행복이므로 상대의 모습을 그대로 인정해줄 필요가 있다. 남들이 어떻게 보건 지금 그대로가 편하고 좋다면, 그는 자기에게 어울리는 삶을 살아가고 있는 셈이다.

모든 사람이 꼭 대붕이 되어야 할 필요는 없다. 정말 좋은 기회인데도 상대방이 받아들이려 하지 않는가? 그러면 흥분하지 말

고 한발 물러서서 생각하자. 그 사람은 자기 그릇에 맞는 생활을
하고 있을 뿐이다.

배려란 무엇일까
—

　사람은 누구나 자신에게 비추어 상대를 이해한다. 예를 들
어보자. 개는 신음하는 다른 개를 보며 마음 아파하지 않는다. 그
러나 인간은 다르다. 옆에 있는 사람이 배를 움켜잡고 괴로워하
면, 어쩔 줄 몰라 하며 도울 길을 찾는다. 심리학자 니콜라스 험프
리Nicholas Humphrey는 그 이유를 '내면의 눈inner eye'에서 찾는다. 사
람은 자신의 감정에 비추어 상대방을 이해한다. 인상 쓰며 식은
땀 흘리는 얼굴을 보며, 자기가 그런 표정을 지을 때 느꼈던 아픔
을 떠올린다. 그리고 상대방이 느낄 고통을 상상한다. 이처럼 '내
면의 눈'이란 자신의 감정에 비추어 상대를 이해하는 능력이다.
　그런데 배려하는 마음이 상대를 곤혹스럽게 할 때도 있다. 《장
자》에 나오는 구절을 살펴보자.

　옛 바닷새가 노나라로 날아왔다. 노나라 임금은 몸소 이 새를 종묘
　안으로 모시고 와서는 술을 권했다. 아름다운 궁궐에 음악을 울리
　고 소와 돼지, 양고기를 대접했다. 그럼에도 새는 당황해하며 근심

할 뿐이었다. 고기 한 점 먹지 않고 술 한 잔 마시지 않은 채 사흘 만에 숨을 거두었다. 사람을 기르는 식으로 새를 키웠던 탓이다.

장자는 또 이렇게 말한다. 사람은 습한 곳에서 자면 허리가 아프고 몸이 굳지만, 미꾸라지는 이런 곳을 더할 나위 없이 좋아한다. 사람은 고기와 풀을 먹는 데 비해, 올빼미는 쥐를 좋다고 삼킨다. 이 가운데 어느 쪽이 올바른 식습관이라고 정의할 수 있을까? 물론 없다. 살아가는 방식이 모두 다른 까닭이다.

인간관계도 그렇다. 사람들은 저마다 살아가는 방식이 있다. 상대방이 그렇게 살아가는 데는 다 이유가 있다. 내가 모르는 합리적인 부분이 상대의 태도에는 숨어 있다. 나에 비추어 상대방을 이해하려 할 때는 이 점을 놓치기 쉽다.

그래서 장자는 '좌망坐忘'과 '심재心齋'를 강조한다. 좌망이란 앉아서 잊어버린다는 뜻이며, 심재는 마음을 비우라는 말이다. 마음을 비우고 감정을 털어버려야 한다. 고집 센 상대와 오래 맞서다 보면 자신도 고집불통이 되어 있기 십상이다. 남들 눈에는 자신이나 상대방이나 벽창호이긴 마찬가지다. 진정한 이해는 자신을 비울 때 비로소 이루어진다. 내 방식대로 상대를 대하거나 '해석'해서는 안 된다. 상대의 눈에 세상이 어떻게 비칠지를 먼저 따져야 제대로 된 관계를 맺을 수 있다.

상대방이 나의 깊은 뜻을 모른다고
속상해하지 마라.
중요한 것은 상대의 행복이다.

말만 바꿔도 마음이 통한다

—

《장자》에는 '조삼모사朝三暮四'라는 재미있는 이야기도 담겨 있다.

모두 같은 것임을 알지 못한 채 죽도록 한쪽만 고집하는 태도를 가리켜, '아침에 셋'이라 한다. 이 무슨 말인가? 원숭이 기르는 사람이 도토리를 나누어주며 말했다. "아침에 셋, 저녁에 넷을 주겠다." 이 말에 원숭이들은 모두 화를 냈다. 그러자 그는 다시 말했다. "그러면 아침에 넷, 저녁에 셋을 주지." 그러자 원숭이들은 모두 기뻐했다. 있는 그대로를 인정해야 한다. 성인聖人은 옳고 그름을 조화롭게 한다. 그리고 하늘이 내린 법칙과 같이 균형을 이룬다.

조삼모사는 어리석은 사람을 빗대는 이야기로 들린다. 그런데 곰곰이 따져보면, 이 일화는 고집불통들과의 대화를 다룬 것이라고도 할 수 있다. 장자는 모든 일에는 도道가 있다고 믿는다. 도란 '순리대로 산다'는 말과 다르지 않다. 세상일은 마땅히 가야 할 곳으로 흐르게 마련이다.

고집불통들과 왜 다투는지를 떠올려보라. 한 치도 물러설 수 없다는 듯이 말다툼을 벌이고 있지만 사실은 둘 다 똑같은 말을 하고 있지는 않은가? 표현이 서로 조금 다를 뿐인데도, 입장 차이가 태산만큼이나 크다고 착각하는 경우가 종종 있다. 범죄자가 아닌 한, 사회생활에서 순리를 따르지 않는 사람은 거의 없다. 다만 자존심에 매달리느라, 정작 둘은 같은 논리를 펴고 있음을 깨닫지 못할 뿐이다.

'말꼬리 잡기'는 감정 싸움에서 흔히 나타난다. 그렇다면 상대방에게 익숙하고 거부감 없는 말과 논리로 내 생각을 펼쳐보도록 하자. 말만 바꾸었는데도 성난 원숭이들이 기뻐하지 않았던가. 입성이 바뀌면 사람이 달라 보이듯, 말과 글도 마찬가지다. 상대에게 친숙한 낱말과 논리로 설득시켜보라. 고집불통일수록 한쪽으로만 세상을 보는 법이다. 그들이 보는 쪽에 맞추어 생각을 전해보자.

태초에는 혼돈이라는 왕이 세상의 가운데를 지배했다. 혼돈은 남쪽과 북쪽 바다의 임금을 정성껏 대접했다. 감격한 두 임금은 혼돈에게 보답할 길이 없을까 고민했다.

"사람에게는 모두 일곱 구멍이 있어 보고 듣고 먹고 숨을 쉽니다. 혼돈에게는 이것이 없습니다. 그러니 구멍을 뚫어주도록 합시다."

두 임금은 혼돈의 몸에 하루에 한 개씩 구멍을 뚫었다. 7일째가 되자 혼돈은 죽고 말았다.

이 또한 《장자》에 나오는 이야기다. 고집불통들은 앞뒤가 꽉 막혀 있다. 이들이 좀 더 열린 마음으로 세상을 넓게 보았으면 좋겠다는 생각이 든다. 그러나 옹고집이 천사표로 바뀌면 고집불통들은 과연 행복해질까? 그들은 억센 성격 덕분에 힘든 세상을 잘 버티고 있는 건지도 모른다.

고집불통을 상대하다 보면, 나 역시 외곬의 논리로 흐르기 쉽다. 사람은 욕하면서 닮아가는 법이다. 먼저 한발 물러서서 상대를 이해하기 위해 노력해보자. 그러려면 먼저 나를 비우고 상대의 생각에 익숙해져야 한다. 그래서 장자는 "(나의 생각 속에) 내가 끼어들 자리가 없도록 하라."라는 말도 서슴지 않는다. 《장자》의 조삼모사 같은 이야기 속에는 막힌 대화를 풀어주는 비법들이 오롯이 담겨 있다. 풀리지 않는 인간관계 때문에 애를 태우고 있다면 《장자》를 펼쳐들 일이다.

장자莊子의 생애에 대해서는 별로 알려진 바가 없다. 고대 중국 역사에 관한 가장 믿을 만한 사료라고 하는 사마천司馬遷의 《사기》에도 "장자의 이름은 주周다."라는 수준의 간단한 기록만이 나올 뿐이다. 따라서 장자의 삶이 어떠했는지는 그 자신과 후계자들이 쓴 《장자》라는 책을 통해 재구성해볼 수밖에 없다.

장자는 중국 산둥성과 허난성 중간에 위치했던 작은 국가인 송나라 사람이었다고 한다. 그가 살았던 몽현이라는 곳은 산 좋고 물 좋은 시골 마을이었던 듯싶다.

장자의 공식적인 경력은 칠원에서 말단 관리를 지낸 것밖에 없다. 그러나 《사기》에 따르면, 그는 공부를 많이 하고 박식한 사람이었다. 때는 수십 개로 쪼개진 제후국들이 서로를 잡아먹기 위해서 전쟁을 벌이던 전국시대였다. 각 나라들은 좋은 인재를 끌어모으기 위해 치열한 경쟁을 하고 있었다. 이런 '스카우트 경쟁' 속에서 장자같이 유능한 인물이 눈에 띄지 않았을 리 없다. 그러나 장자는 세속에는 뜻이 없는 사람이었다. 초나라 왕이 '최고 연봉'에다가 재상 자리를 제안했을 때도 "나는 제사에 쓰일 제물이 되기 위해 잘 대접받으며 비단 옷을 입은 소가 되기보다는 비쩍 말랐어도 자유로이 들판을 노니는 소가 되겠다."라는 말로 거절한다.

모든 일을 자연이라는 큰 틀에서 바라본 장자에게는 죽음조차도 두려워할 것이 못 되었다. 우리는 자연의 일부다. 죽음이란 일시적으로 존재했던 '내'가 사라져서 영원히 진행되고 있는 자연으로 다시 돌아가는 것일 뿐이다. 때문에 장자는 자신의 부인이 죽었을 때도 슬퍼하지 않고 오히려 항아리를 두드리며 즐거이 노래를 불렀다고 한다.

속 시원히 내 생각을
말하고 싶다면

데카르트

왜 생각한 대로 말이 안 나올까

—

공식이나 법칙의 매력은 어디에나 통한다는 데 있다. 예컨대 $E=mc^2$이라는 공식을 알고 있으면 공이건 자동차건 상관없이 움직이는 데 들어가는 에너지가 얼마나 될지 가늠할 수 있다. 수학도 마찬가지다. 이차 방정식을 일단 알고 나면 건물을 짓건 회계장부를 정리하건 간에 방정식의 원리가 쓰이는 곳이라면 어디든 적용하고 설명할 수 있다.

그렇다면 어디에나 통하는 '논리의 법칙'도 있지 않을까? 말씀

씨 좋은 사람은 무엇에 대해서건 능숙하게 말을 잘한다. 그뿐 아니다. 어떤 이야기를 듣거나 읽을 때 남들보다 훨씬 빨리 내용을 꿰뚫는 이들이 있다. 하지만 그렇지 않은 경우도 많다. 수학은 아주 잘하는데 언어 논리는 젬병인 사람들이 얼마나 많은가? 세계 정치 문제는 아주 잘 따지고 분석하면서도, 정작 자신의 '생활 정치'는 못해서 주변이 헝클어진 이들도 꽤 많다. 심지어 항상 제대로 이해도 못하고, 할 말이 있어도 차분히 논리적으로 이야기를 펼치지 못하는 경우는 최악이다. 만약 어떤 주장을 펴든지 간에 통하는 논리의 법칙이 있다면 어떨까? 이런 원리를 꿰고 있다면 무엇이든 정확히 이해하고, 뜻한 바를 속 시원히 이야기할 수 있을 터다.

논리학은 이러한 '논리 법칙'을 탐구하는 학문이다. 하지만 논리학은 수학처럼 정교하고도 어렵다. 공부하면서 느끼는 답답함은 논리를 몰라서 분통 터질 때보다 별로 나을 게 없을 정도다. 그렇다면 일상의 모든 분야에 써먹을 수 있으면서도 보다 쉽고 분명한 논리 법칙은 없을까?

이런 갈증에 시달리는 사람이라면 데카르트의 《방법서설》을 읽어보라. 여기서 데카르트는 삶의 막힌 곳은 어디든 뚫어줄 만큼 명쾌하고 분명한 논리 매뉴얼을 일러준다.

쉽고도 분명한 문제 해결법

—

데카르트는 자신의 법칙을 법률에 견준다. 법은 내용이 많을수록 오히려 효과가 떨어진다. 복잡할수록 핑계를 대며 이리저리 피해갈 구멍도 많아지는 까닭이다. 법은 누구라도 금방 깨달을 만큼 단순해야 좋다. 그럴수록 강하게 사람들을 옥죌 수 있다. 마찬가지로 데카르트는 "꼭 지키겠다는 결심만 있다면, 논리학의 숱한 규칙들보다 더 강력한 위력을 보여주는" 단순한 논리 법칙이 있다고 주장한다. 데카르트가 내놓는 법칙은 다음 네 가지가 전부다.

첫째, 분명하게 참이라고 확인할 수 없다면 그 무엇도 받아들이지 말 것.

둘째, 길고 어려운 문제는 내가 잘 이해하고 해결할 수 있을 정도로 짧게 끊어 접근할 것.

셋째, 가장 단순하고 알기 쉬운 것에서 복잡하고 어려운 순서로 '계단을 올라가듯' 탐구할 것. 뒤죽박죽인 일이라도 순서를 매겨 차근차근 접근할 것.

넷째, 검토된 부분들을 하나도 빠짐없이 모아서 확인하고 전체로 묶었을 때 문제가 없는지 확인할 것.

언뜻 보기에도 무척 간단하다. 실제로 적용해보면 그 간명함이 더욱 분명하게 느껴진다. 이 네 가지는 태권도의 품새를 배우듯, 논리적으로 따지고 분석하기 위해서는 기본적으로 익혀야 할 '논리 품새'다.

동아리 회원을 새로 뽑는 문제로 머리가 복잡한 경우를 예로 들어보자. 처음에 면접 본 키 큰 친구가 낫지 않을까? 그 친구라면 어지간히 높은 곳에 있는 짐도 쉽게 옮길 텐데. 아니다, 마지막에 보았던 서글서글한 인상의 여학생이 나을 듯도 싶다. 어떤 잣대로 어떻게 좋고 나쁨을 가려야 할지 생각할수록 헷갈린다. 그렇다면 성급하게 결론 내리지 말고 일단 숨을 크게 내쉬며 뒤로 물러서보라. "분명하게 참이라고 확인할 수 없다면 그 무엇도 받아들이지 말라."고 하지 않았던가?

일단 면접의 잣대를 "잘 이해하고 해결할 수 있을 정도로 짧게 끊어" 접근해보자. 동아리 회원이 갖추어야 할 태도나 능력은 무엇인가? 친근한 성격, 성실한 참여 태도, 신입 회원이 채워주었으면 하는 우리 동아리의 부족한 점, 그리고 다른 회원들이 평소에 바랐던 새내기의 모습 등 항목을 쪼개어 하나하나 비추어보면 무엇을 어떻게 이해하고 가늠해야 할지 분명하게 다가온다.

항목을 뽑은 뒤 꼭 필요한 부분들을 추려보라. 이를 잣대로 신입 회원을 평가했다면, 이제 이를 다시 모아보자. 성격과 능력, 성실성 등 꼭 알고 싶지만 아직도 분명하게 드러나지 않은 부분이 있는가? 성실성을 파악하기 힘들다면 항목을 더 잘게 나누어보라. '과제는 반드시 마감일까지 제출한다', '한번 약속한 일은 반드시 지킨다' 등등으로 말이다. 알고 싶은 사항들이 모두 분명해질 때까지 이 작업을 계속하라.

그런 뒤에 평가한 항목들을 한데 모아보자. 부분으로 나누어 점수를 매기다가 전체를 합쳐보면 오히려 이상한 결과가 나오기도 한다. 능력이 충분한데도 외모에 30점을 주고 능력에 10점을 주지는 않았는가? 그렇다면 우리 동아리에 아쉬운 부분을 채워줄 유능한 인재들은 여지없이 떨어질 것이다. 이처럼 '가장 단순하고 알기 쉬운 것에서 복잡하고 어려운 순서로 계단을 올라가듯' 탐구해보자. 마지막에는 결과를 점검해볼 차례. 혹시 빠뜨리거나 놓친 부분은 없는가? 세심하게 되짚어보라. 항목들을 다시금 하나하나 검토하며 문제는 없는지 살펴보자.

네 가지 논리 법칙은 이 밖에도 다양한 상황에서 쓰일 수 있다. 친구가 심하게 토라졌을 때 내가 어떻게 해야 할지도 이 법칙대로 검토해볼 수 있다. 친구가 삐친 이유는 내가 약속을 지키지 않았기 때문일까? 아마도 그런 것 같다. 하지만 첫 번째 규칙은 미리 단정 짓지 말라고 경고하고 있다. 그렇다면 이제 친구가 화내는 이유가 무엇일지 하나하나 손꼽아보라. 생각의 폭과 깊이가 넓어질 것이다. 그 다음 그 사항들을 하나씩 모아 도대체 무엇이 문제인지 검토해보라. 그리고 놓친 부분은 없는지 주변 사람들과

상의해보라. 이뿐만이 아니다. 네 가지 논리 법칙은 회사 경영의 문제점을 진단할 때도, 복잡한 공학 문제를 풀 때도 언제나 쓸 수 있는 쉽고도 분명한 방법이다.

이러지도 저러지도 못할 때

—

하지만 아무리 간단한 방법이라 해도 문제를 풀기 위해서는 시간이 필요하다. 궁리하는 사이에 문제가 더 꼬여버릴 수도 있지 않을까? 당장 등을 돌려 멀어지려는 친구의 손을 움켜잡은 채, 앞의 4단계에 따라 차분히 검토할 수는 없다.

데카르트는 이럴 때 쓸 만한 '응급 처치 논리'를 일러준다. 이 또한 명쾌하기 그지없다. 첫째, "판단이 서지 않을 때는 그 분야의 가장 현명하고 총명한 사람들이 택하는 길을 따르도록 하라." 극단적인 선택보다는 온건하고 평범한 방식을 택하라는 말이다. 많은 사람들이 옳다고 여기는 방안은 대개 가장 현명하지는 않더라도 큰 무리가 없는 길이다. 설사 완전히 빗나간 결과를 얻었다 해도, 남들도 그렇게 했고, 비슷한 상황이라는 사실이 위로와 핑계가 될 터다.

둘째, "일단 결정을 내렸다면 분명하고 확실하게 나아가라." 데카르트는 숲에서 길을 잃은 사람들을 예로 든다. 만약 숲 속에서 주저앉거나 갈팡질팡한다면 상황은 더 위험해진다. 설령 길이 없다 하더라도 한 방향으로 가야만 숲에서 벗어날 수 있다. 그러니 무엇이 옳은지 모를 때는 '가장 올곧게 보이는' 주장에 손을 들어주고 흔들림 없이 따라가는 것이 좋다.

데카르트의 마지막 처방은 철학자다운 색채가 물씬 풍긴다. "운명보다도 나를 이기며, 세계의 질서보다는 오히려 내 욕망을 바꾸려고 노력하라." 일이 풀리지 않으면 세상을 원망하지 말고, 마음을 비우라는 뜻이다. 아무리 철저하게 준비했다 해도, 운명이 항상 내 편에 서는 건 아니다. 그러니 실패했을 때는 "이건 내 몫이 아니었어." 하고 담담하게 받아들여라.

데카르트는 바로 이 점 때문에 철학자들이 "고통과 가난 속에서도 신과 더불어 행복할 수 있었다."고 주장한다. 중국 대륙과 멕시코를 차지하지 못했다고 슬퍼하는 사람이 있는가? 침략자다운 천성을 지닌 자가 아니라면, 이 때문에 분통을 터뜨릴 리는 없다. 마찬가지로 가난한 집에서 태어났다고, 나쁜 머리를 타고났다고 슬퍼할 이유는 없다. 그것은 원래 '내 몫이 아니었다'. 이처럼 4단계 논리적인 해결책과 더불어 '응급 처치 논리 119' 비법까지 일러준 데카르트는 이러지도 저러지도 못할 때 마음을 다잡는 처방까지 내려준다.

무엇이 옳고 유익한지 끊임없이 되물어라

—

　데카르트의 방법은 아주 쉬워 보인다. 그러나 일상에서 쓰려고 하면 여러 가지 방해와 장벽에 부딪힐 것이다. 데카르트 또한 이 점을 너무나 잘 알고 있었기에 몇 마디 충고를 덧붙였다. 상대와 논쟁을 벌이는 상황에서, 사람들은 제일 좋은 안案보다는 상대를 무릎 꿇게 할 그럴듯해 보이는 안에 더 집중하게 마련이다. 그러나 "오랫동안 변호사 노릇을 멋지게 해냈다는 사실이 훌륭한 판사임을 입증하지는 않는다." 이기고 지는 일은 무엇이 옳고 유익한지를 가리는 작업과 똑같지 않다. 논쟁에서 한 걸음 물러서서 분한 마음을 다스려라. 두뇌의 논리 회로가 다시금 작동할 테고, 그러면 네 가지 논리 법칙에 따라 최선의 안을 찾아낼 수 있을 것이다.

　나아가 논리를 펴고 진리를 좇는 훈련을 거듭하다 보면, 논리력이 자기도 모르게 자라나게 된다. "부자들이 가난한 이들보다 훨씬 적은 힘을 들이고도 더 큰 재산을 모으듯이" 말이다. 논리력은 키울수록 강해진다. 그러나 대부분의 사람들은 계속 논리를 통해 진리를 향해 나아가기보다는 순간에 만족하고 다시금 주저앉아 버린다. 데카르트는 이들을 담쟁이덩굴에 빗대며 안타까워한다. "그들은 마치 나무에 달라붙은 담쟁이덩굴과 같아서, 꼭대기까지 올라간 다음에는 다시 땅으로 기어 내려온다."

삶은 진리를 향해 가는 기나긴 여행길이다. 논리로 필요한 것을 얻었다고 만족하지 말고, 계속해서 무엇이 옳고 진정 유익한지를 되물으며 나아가라. 이럴 때 우리는 '진리 나무'로 우뚝 설 수 있다. 역사상 위대한 인물들은 묻고 또 물으며 네 가지 논리 법칙을 끊임없이 작동시켰던 사람들이었음을 명심하라.

르네 데카르트René Descartes는 1596년 프랑스 중부 투렌 지방에 위치한 라에(지금의 데카르트 시)의 부유한 법률가 집안에서 태어났다. 학창 시절 데카르트는 고전과 논리학, 신학 등을 공부했지만, 그의 까다로운 학문 기준을 만족시킨 분야는 단 하나 수학뿐이었다. 어떤 편견도 감히 존재할 수 없는 냉철한 이성의 학문인 수학에서, 그는 확실하고 엄밀한 학문의 모델을 보았다.

1616년, 데카르트는 푸아티에 대학에서 법률학 석사학위를 받았다. 가족들은 당연히 그도 아버지처럼 판사가 될 것이라고 기대했다. 그러나 그는 엉뚱하게도 직업 군인의 길을 택했다. '세계라는 커다란 책'을 알기 위해서였다고 한다. 데카르트는 군대를 좇아 유럽 곳곳을 다녔다.

서른두 살의 데카르트는 마침내 방랑을 접고 정착하기로 결심했다. 그가 택한 곳은 '4개월의 겨울과 8개월의 추위가 계속되는' 네덜란드였다. 네덜란드에서는 교회와 다른 주장을 내세운다는 이유로 종교재판을 받거나 화형당하는 일이 없었다. 그는 네덜란드에서 21년 동안이나 은둔 생활을 했는데, 《방법서설》과 《성찰》 등 그의 작품들은 대부분 이 시기에 나왔다.

1649년, 그는 스웨덴의 크리스티나 여왕으로부터 철학 과외 선생이 되어달라는 요청을 받았다. 그는 '얼음과 바위와 곰뿐인 나라'에 가고 싶은 생각이 별로 없었지만, 여왕의 간절한 초청을 뿌리치지 못했다. 여왕은 '맑은 정신으로 공부하기 위해' 데카르트에게 새벽 5시에 철학을 가르쳐줄 것을 부탁했다. 그에게 북국의 차가운 새벽 공기는 극약과 같았다. 스웨덴으로 간 그해, 폐렴으로 쓰러진 그는 다시 일어나지 못했다.

나는 왜 남에게
일을 맡기면 불안할까

소피스트

뛰어난 사람은 존재 자체로 일한다

—

"훌륭한 지휘자는 오케스트라 단원들이 불편해하지 않도록 지휘봉
을 내려놓을 줄 안다."

전설적인 지휘자 카라얀Herbert von Karajan의 말이다. 뛰어난 이들
은 존재 자체로 일한다. 그이가 있다는 사실만으로도 사람들을
바꾸어놓는다는 뜻이다. 뛰어난 지도자는 일일이 간섭하지 않아
도 된다. 모두가 그를 의식하며 인정받기 위해, 혹은 눈 밖에 나지

않으려고 아득바득하기 때문이다.

출중한 지도자는 자기 업무의 대부분을 남에게 맡긴다. 그래서 그는 여유롭게 보다 큰 꿈을 품을 시간을 갖는다. 위임delegation을 잘하는 것은 리더가 갖추어야 할 중요한 능력이다. 하지만 대부분의 사람들은 자기 일을 남에게 맡기면 불안해한다. 왜 그럴까?

생각 바꾸기

—

내 일을 남에게 넘기는 순간 우리는 묘한 딜레마에 빠진다. 내 업무를 넘겨받은 사람이 나보다 뛰어나다면 어떨까? 나의 능력 없음이 드러나는 듯해서 마음이 불편하다. 내 일을 넘겨받은 상대가 나보다 못할 때는? 이 상황도 마음 편치 않기는 마찬가지다. 뭘 믿고 저런 사람에게 일을 시켰느냐는 비난, 제대로 하게끔 챙기지 않았다는 비난이 내게 돌아올까 두려워서다. 한마디로 상대가 나보다 잘해도 불안, 못해도 불안인 꼴이다. 이런 마음가짐으로는 선뜻 남에게 내 일을 맡기기 어렵다.

옛 그리스의 소피스트Sophist들은 '디소이 로고이dissoi logoi'라는 기법으로 생각을 뒤집곤 했다. 이는 관점을 바꾸어 똑같은 주장을 전혀 다른 모양새로 보이게 하는 기술이다.

앞서의 고민을 다시 곱씹어보자. 내 업무를 넘겨받은 사람이 나보다 뛰어난 솜씨를 보인다 해보라. 이때 내 마음은 기쁘고 즐겁다. 뛰어난 인재를 잘 골라내어 일을 맡겼다는 칭찬을 들을 듯해서다. 나아가, 일이 잘 진행되게끔 상대를 잘 도와준다는 격려의 말을 듣게 될지도 모른다.

내 일을 넘겨받은 사람이 나보다 못할 때는 어떨까? 이 경우도 나에게는 손해가 아니다. 헤매는 그 사람의 모습은 내가 그동안 얼마나 일을 잘해왔는지를 도드라지게 하기 때문이다. 이렇듯 세상은 어떻게 보느냐에 따라 내게 전혀 다른 모습으로 다가온다. 위임하는 것이 걱정된다면 생각을 뒤집어보라. 결과가 어찌되건, 나에게는 이로운 결말이 있을 뿐이다!

그대는 위임을 즐길 만큼 큰 그릇인가?

—

하지만 이런 논리는 말장난 같기만 하다. 생각을 바꾸라고? 그게 어디 쉽던가! 일이 잘못되면 모든 책임은 나에게 돌아올 테다. 이런 억한 심정이 가슴을 메이게 한다면, 자신은 과연 얼마만 한 그릇의 인물인지부터 고민해보아야 한다.

큰 지도자는 현재에 매이지 않는다. 미래를 바라보며 끊임없이 앞으로 나아간다. 그래서 자기 일을 위임하는 데 두려움이 없다. 설사 잘못되어도 다른 가능성이 있다고 믿는 덕분이다. 밴댕이 가슴에 좁은 시야를 가진 지도자는 어떨까? 그는 눈앞의 현실이 모든 것이라 믿는다. 그래서 조그마한 실수나 잘못에도 어쩔 줄 몰라 한다.

세상을 바꿀 만한 큰일은 혼자서 해낼 수 없다. 성공을 거둘수록 일의 규모도 커진다. 이런 상황에서 위임은 가장 중요한 능력으로 떠오른다. 자기 책임과 권한을 남들에게 얼마나 잘 넘기는지를 보면 그 사람의 그릇을 가늠할 수 있다. 그대의 인간됨의 크기는 어느 정도인가?

소피스트Sophist란 그리스어로 '지혜로운 사람', '현자'를 뜻한다. 아테네 등 민주주의가 자리 잡은 고대 그리스 사회에서 연설 능력은 사회활동을 하는 데 있어 무척 중요한 재능이었다. 소피스트들은 여러 도시를 돌아다니며 사람들에게 지식과 언변을 가르치고 그 대가를 받았다. 그들의 보수는 매우 높았지만, 대부분의 소피스트들은 그다지 존경을 받지는 못했던 듯싶다. 그들이 가르치는 기술은 옳고 그름을 밝히고 사회를 올곧은 방향으로 이끄는 데 쓰이기보다, 그럴듯한 말재주로 재판에서 이기게 하는 기술에 더 가까웠기 때문이다. 플라톤과 아리스토텔레스는 이런 소피스트들을 말장난이나 언어의 잔재주만 늘어놓는 궤변론자로 여기며 못마땅하게 여겼다.

하지만 이전까지의 철학이 자연에 대한 탐구에 높은 비중을 두었던 데 비해, 소피스트들이 인간을 주된 연구 과제로 삼았다는 점에서는 긍정적인 평가를 받을 만하다. 또한, 절대적 진리를 고집하지 않고 사변思辨보다 경험을 중시했다는 점도 인상적이다. 대표적인 소피스트로는 프로타고라스, 고르기아스, 히피아스, 트라시마코스 등이 있다.

좋은 리더가 되고 싶은
이들을 위한 조언

한비자

힘이 있어도 기쁘지 않다

—

　지도자 노릇을 하기란 여간 힘든 일이 아니다. 힘 가진 이
주변에는 항상 징징대는 사람들로 넘쳐난다. 저마다 아쉬운 소리
를 늘어놓으며 자기 처지를 돌보아달라고 외친다. 물론, 그들의
말을 다 들어주지는 못한다. 부탁을 들어주지 않을 때 돌아올 원
망과 비난은 지도자가 오롯이 받아야 할 몫이다.

　더구나 사람들은 지도자가 하느님 같기를 바란다. 무슨 일이건
조금의 실수도 없이 성공하기를 원한다는 뜻이다. 그러니 뭐가

조금만 잘못되어도 온통 지도자 탓을 한다.

지도자도 사람인지라 때론 화가 나고 짜증도 난다. 자신도 어찌 해야 할지 답을 모를 때가 많다. 권력을 쥔 자들은 외롭게 마련이라 상의할 사람도 마땅찮다. 무거운 책임과 부담이 가슴을 짓누른다. 사람들이 보내는 기대와 원망의 눈초리도 눈에 선하다. 도대체 나는 어떻게 해야 주어진 임무를 잘해낼 수 있을까?

오늘도 의무감에 전전긍긍하는 지도자라면, 한비자에게 답을 물어보라. 진秦나라는 한비자의 사상을 받아들여 나라의 체질을 튼실하게 바꾸었다. 그 뒤 진나라는 중국을 하나로 통일했다. 그만큼 한비자의 사상은 역사로 검증된 '리더십 이론'이라 할 만하다.

한비자는 '미스터 원칙주의'라고 부르면 딱 맞을 철학자다. 그는 법에는 절대 예외가 없어야 한다고 주장한다. 그리고 오묘한 정치 기술과 권위로 사람들을 옭아매야 한다고 충고한다. 이러한 한비자의 가르침은 법法, 세勢, 술術이라는 세 단어로 요약된다.

원칙과 믿음이 있는 리더십

—

한비자는 법가法家 사상가들의 대표 주자다. 법가란 말 그대로 법에 의한 통치와 지배를 주장하는 사람들이다. 이들이 말하는 법이란 우리의 상식과 다르지 않다. 법이란 글자로 적혀 사람들에게 널리 알려진 규칙으로, 우리가 '성문법成文法'이라고 부르는 바로 그것이다.

한비자에게 특별한 점은 '지독함'에 있다. 그는 법에는 절대 예외도 용서도 없어야 한다고 잘라 말한다.

자식과 어머니는 애정으로 맺어져 있지만, 신하와 임금은 이익을 저울질하는 사이다. 애정 가득한 어머니도 집안을 보존하기 힘든데, 어찌 임금이 애정으로 나라를 지탱하겠는가.

어머니는 아버지보다 자식 사랑을 곱절이나 더 보여주지만, 아버지의 훈계는 어머니 것보다 열 배는 더 잘 먹힌다. 관리들은 백성에게 애정이 없다. 그럼에도 그가 내리는 명령은 아버지의 것보다 만 배는 더 잘 먹힌다.

한비자에 따르면, '가족 같은 사회'란 허울 좋은 소리일 뿐이다. 가족같이 이해하고 돌봐준다는 조직일수록 부정과 비리가 판친다. 뛰어난 외과의사는 환자를 봐주는 법이 없다. 같이 가슴 아파한다고 병이 나을 리 없다. 병을 고치려면 냉혹해야 한다. 환자가 비명을 지르건 말건, 잔인하게 아픈 부위를 도려내야 한다. 한비자의 리더십이 바로 그렇다. "법을 길로 삼으면 처음에는 고생이지만 결국에는 이익이 된다."

나아가 한비자가 생각하는 지도자는 '통치 기계'와 다름없다. 법이란 '업적을 따져서 상을 주고 능력에 따라 자리를 마련해주는 것'이다. 지도자는 전자계산기처럼 업적과 잘못을 따져서 엄격하게 적용하기만 하면 된다. 쓸데없이 아량을 베풀거나 사정을 봐주어서는 안 된다. 왜 그럴까? 한비자가 드는 예를 한번 보자.

노나라 사람이 집에 불을 질렀다. 불길이 성안으로 번지자, 임금이 쫓아 나와 사람들에게 불을 끄라고 재촉했다. 하지만 아무도 불길을 잡으려 뛰어들지 않았다. 그러자 옆에 있던 참모가 말했다. "일이 급합니다. 나라에는 불을 끈 자들에게 상을 내릴 만한 여유가 없습니다. 처벌만 확실하게 하십시오." 그래서 임금은 명령했다. "불을 끄지 못한 자는 적에게 항복하거나 도망친 죄로 다스리겠다." 임금의 명령이 널리 알려지기도 전에 이미 불은 다 꺼졌다.

상賞에 관심 없는 사람들도 처벌은 두려워한다. 한비자는 엄격한 처벌만이 질서를 잡는 길이라고 강조한다. 하지만 처벌만 내리는 지도자를 좋아할 사람이 있을까? 지도자가 너무 세게 나오면 오히려 반발만 더 키우지 않을까? 이 물음의 답을 전설적인 CEO 마쓰시타 고노스케에게서 찾아보자.

그가 운영하던 마쓰시타 전기에는 "야단을 맞아야 비로소 어른이다."라는 말이 있었다. 마쓰시타는 신입 사원들에게는 더없이 친절했다. 그러나 오래된 직원들에게는 비참한 기분을 느끼게 할 만큼 불같이 화를 내곤 했다. 그것은 '자기 사람'이라는 믿음이 있었기 때문이다. 모르는 사람에게 성질을 부릴 수는 없다. 믿음이 있어야 마음 놓고 야단도 치는 법, 모름지기 처벌은 믿음이 있어야 효과를 발휘한다.

하지만 벌이 제대로 먹히려면, 지도자부터 깨끗하고 공정해야 한다. 남에게 이용당하는 것을 즐기는 사람은 없다. 만약 지도자가 돈을 벌고 출세하기 위해 아랫사람에게 명령을 내린다고 생각해보자. 칭찬을 하건 야단을 치건, 아랫사람들은 마음을 바쳐 지도자를 따르지 않을 터다. 자신은 지도자의 출세를 위한 수단일 뿐이다. 내가 왜 그의 체면치레를 위해 희생해야 하는가?

그래서 한비자는 충고한다. 지도자는 항상 마음을 비우고 순리를 좇아야 한다.

다스리는 기술을 제대로 익힌 사람은 해와 달이 비추고 계절이 바뀌어가듯 다스린다. 하늘의 이치를 어기지 않고 사람의 마음을 다치게 하지 않는다. 재앙과 복은 바른 길(道)과 법에서 나오지, 사랑과 미움에서 나오지 않는다. 영광과 부끄러움은 다른 사람이 아닌 자기 자신에게 책임이 있다.

지도자에게는 상과 벌이라는 두 개의 칼자루가 있다. 마음을 비운 지도자는 두 자루의 칼을 요긴하게 사용한다. 지도자가 진정 사회를 위해 옳은 것이 무엇인지를 생각한다면, 벌을 받는 이들도 불만이 없을 것이다. 좋은 지도자는 통치하는 기계와 다를 바 없다. 모두를 위한 법을 만들고 이에 따라 정확하게 상과 벌을 내려주기만 하면 된다.

좋은 리더는 태양 같은 사람

—

철강왕 카네기의 무덤에는 이런 말이 적혀 있다. "나 자신보다 능력 있는 자들을 부리던 자, 여기 잠들다." 한비자가 생각하는 좋은 지도자란 바로 그런 사람이다. 뛰어난 사람들을 걸맞은 위치에 세우고 최선을 다하게 하는 사람. 어떻게 하면 이렇게할 수 있을까?

잣대를 안 쓰고 눈대중으로 치수를 잰다고 하자. 그러면 아무리 뛰어난 목수도 수레바퀴 하나 제대로 만들지 못한다. 평범한 임금도법을 지키고, 서투른 목수도 줄자를 쓰면 좀처럼 실수하지 않는다. 그러니 임금은 현명한 군주나 뛰어난 장인匠人들도 선뜻 못하는 일을 바라지 마라. 그저 그런 군주나 서투른 목수들도 실패하지 않는 법을 따른다면, 신하들은 힘을 다해 노력할 것이다.

지도자가 변덕이 심하면 일을 하기가 불안하다. 지도자는 사람들이 뭐가 제대로 되었고 안 되었는지를 가릴 수 있도록 원칙을 철저하게 세우고 지켜야 한다. 그러면 리더십은 좀처럼 흔들리지 않는다.

나아가 지도자는 '포커페이스'여야 한다. 감정과 생각을 드러내지 말라는 뜻이다. 권력을 쥔 사람 곁에는 수많은 아부꾼들이 따라붙게 마련이다. 한비자는 아첨꾼들의 손에 휘둘리는 지도자들에게 거침없이 충고한다.

임금은 자기가 바라는 바를 드러내서는 안 된다. 속내를 드러내면 신하들은 임금의 바람대로 자신을 꾸미게 된다. 또한 임금이 원하는 바와 다른 의견은 숨기고 같은 생각만을 내보이게 된다. 똑똑한 임금은 지혜가 있어도 말하지 않는다. 모든 이들로 하여금 자신의 처지를 알게 하고 신하가 하는 행동을 살피기만 한다. 또한 용기가 있어도 자신이 직접 하지 않고, 신하들이 자신의 용감함을 떨치게끔 내버려둔다.

법과 원칙을 올곧게 세워라. 그리고 자신을 감추고 오직 법과 원칙대로 돌아가고 있는지만 평가하라. 그러면 지도자는 "현명

다스리는 기술을 제대로 익힌 사람은
해와 달이 비추고 계절이 바뀌어가듯 다스린다.
하늘의 이치를 어기지 않고
사람의 마음을 다치게 하지 않는다.

하지 않으면서도 현명한 자의 스승이 되며, 슬기롭지 않으면서도 슬기로운 자의 스승이 된다."

뛰어난 경영자는 혼자 바쁜 법이 없다. 자신은 태양처럼 가만히 있으면서 주변 사람들이 '알아서' 제 역할을 하게 만든다. 제대로 된 법과 사심 없는 마음, 한비자가 바라는 훌륭한 지도자의 조건이다.

모두에게 공평하게 하라

—

한비자의 사상을 바탕으로 한 진나라는 무쇠로 된 전쟁 기계 같았다. 하지만 천하무적 진나라는 중국을 통일한 뒤 불과 20여 년 만에 망해버렸다. 한비자의 인생도 불행하기는 마찬가지다. 진나라 왕 정政(진시황)에게 자기 생각을 말하자마자, 그는 모함을 받아 옥에서 죽고 말았다. 한비자가 왕의 사랑을 독차지할까 봐 두려웠던 재상 이사李斯가 그를 죽음으로 몰고 간 것이다. 그뿐 아니라 법을 중요시했던 법가 사상가들은 하나같이 끔찍한 최후를 맞았다. 상앙商鞅은 팔다리가 찢겨 죽었고, 이사는 허리를 잘렸다. 또 위魏나라의 걸출한 법가 사상가 오기嗚起는 온몸에 화살을 맞고 죽었다.

또한 한비자의 사상을 담은 책 《한비자》는 공자를 따르는 선비들에게 '악마가 쓴 책'으로 여겨졌다. 법가는 법과 제도가 공평하면서도 효과적으로 운영되게 하고, 사회를 튼튼하게 만들었다. 그런데도 왜 법가들이 세운 나라는 금세 망하고, 그들은 사람들의 미움을 샀을까?

한비자는 말한다. 법은 모든 사람들에게 공평해야 한다고. 그런데 단 한 사람, 임금만은 예외다. 허점은 바로 여기에 있다. 반면교사反面教師라는 말이 있다. 남의 허물에서 교훈을 찾으라는 뜻이다. 사회와 지도자는 근본적으로 사람들을 위해서 존재한다. 조직이나 국가가 아무리 멋지게 돌아간다 해도, 사람들이 불행하면 아무 소용이 없다. 아무리 멋진 감옥이라도, 그 속에 갇힌 죄수들은 불행한 법이다. 법과 제도는 지도자나 몇몇 소수를 위한 것이 되어서는 안 된다. 지도자에게는 모든 사람들의 행복을 위한다는 자세가 무엇보다 중요하다는 의미다. 이런 마음가짐이 있어야만 엄격한 법과 공평한 지도력은 제대로 힘을 쓸 수 있다.

한비韓非의 삶을 분명하게 보여주는 기록은 없다. 그의 생애에 관한 기록은 사마천의 《사기》에 나오는 〈노장신한열전〉에 전해지는 이야기가 고작이다. 그는 기원전 3세기 초에 한韓나라에서 태어났다고 한다. 그는 서공자庶公子였다. 서공자란 어머니의 신분이 낮은 귀족을 말한다. 하지만 그가 명문 귀족이라는 기록도 있다.

한비는 순자荀子에게서 학문을 배웠고, 법, 세, 술을 바로잡아 국가를 바로세우라고 한나라 왕인 안安에게 끊임없이 충고했다. 하지만 그는 심한 말더듬이였다고 한다. 그래서 뛰어난 글만큼 군주 앞에서 설득력 있게 말하지 못했던 것으로 전해진다.

한비의 가치를 알아본 사람은 후에 진시황제가 되는 진나라 왕 정이다. 그가 쓴 책들은 진왕의 관심을 끌었다. 진왕은 한비가 쓴 〈고분〉과 〈오두〉를 읽고 "이것이야말로 내가 바라던 것"이라며 기뻐했다.

기원전 234년, 진은 한나라를 쳐들어갔다. 이를 해결하기 위해 한비는 사신으로 진나라에 갔다. 하지만 그는 한비가 왕의 마음을 살까 두려워했던 진나라 재상 이사가 내리는 독약을 받고 죽고 만다. 이사는 한나라의 신하인 한비를 살려두면 장차 진나라가 위험해진다는 논리를 내세웠다.

진왕 정은 그의 죽음을 안타까워했으나, 이사를 처벌하지는 않았다. 한비가 죽은 뒤 그의 법치주의는 진나라를 부강하게 하는 사상적 배경이 되었다.

―― 서툰 인생을 위한 철학 수업

인생의 진정한 벗을
만나는 비결

아리스토텔레스

우리는 친구일까

—

　　관중管仲은 몰염치하고 뻔뻔한 사람이었다. 둘도 없는 친구 포숙아鮑叔牙와 장사를 할 때는 이익금을 제 맘대로 떼어먹기 일쑤였고, 전쟁터에서는 맨 꽁무니에 있다가 후퇴할 때는 제일 앞장서 도망치곤 했다. 주변 사람들은 모두 관중에게 손가락질하며 욕을 해댔다. 그럼에도 포숙아는 항상 그를 두둔했다. "관중에게는 늙으신 어머니가 있습니다. 어머니를 돌보려면 돈도 필요하고 건강하게 살아남아야 하지 않겠습니까?"

이처럼 관중에 대한 평이 좋지 못하니 벼슬길이라고 쉽게 열렸을 리 없다. 그는 왕에게 세 번이나 쫓겨났고, 심지어는 왕을 죽이려 한 죄로 체포되기까지 했다. 그런데도 포숙아는 관중을 끝까지 옹호했다. 때를 만나지 못해서 출세가 늦어졌을 뿐 관중은 너무나 유능한 사람이며, 왕을 살해하려고 했던 것도 자기 나름의 지조에 따른 행동이었다고 말이다.

마침내 관중은 제齊나라의 재상이 되어 나라를 천하의 제일로 키워냈다. 그러던 어느 날 포숙아가 죽자, 관중은 울부짖었다. "나를 낳아준 사람은 부모님이지만 나를 알아준 사람은 포숙아다."

아름다운 우정을 말할 때 흔히 인용되곤 하는 '관포지교管鮑之交'의 일화다. 만약 살아가면서 포숙아 같은 친구를 만난다면 더없는 행운이 아닐 수 없다. 그런데 내 삶의 친구들은 어떤가? 혹시 벗들을 하나하나 떠올리다가 "그때 그 친구와 만나지만 않았다면…." 하며 불쾌해지지는 않는가? 즐겁고 유쾌한 사람이 반드시 좋은 친구는 아니다. 어떻게 하면 나의 가치를 알아주고 삶을 아름답게 가꿔줄 포숙아 같은 친구를 만날 수 있을까? 여기에 대해 철학자 아리스토텔레스는 명쾌한 답을 준다.

좋은 친구는 어떻게 나를 변화시킬까

—

조각가에게는 아무리 훌륭한 재료일지라도, 다른 사람들 눈에는 '짱돌'로 비칠 뿐이다. 좋은 친구란 남들은 알지 못하는 내 안의 가능성을 제대로 살려주는 사람이다. 아리스토텔레스가 설명하는 변화의 원인을 통해 좋은 친구가 어떻게 나를 바꾸는지를 체계적으로 정리해볼 수 있다.

아리스토텔레스에 따르면 변화에는 네 가지 원인이 있다. 예술가가 조각품을 만드는 과정을 예로 들어보자. 예술 작품은 소재가 돌인지, 나무인지에 따라 영향을 받는다. 여기서 재료의 성격은 질료인質料因이다. 그리고 예술가가 머릿속에 그리고 있는 형상은 조각이 어떻게 만들어질지를 결정한다. 이것이 형상인形象因이다. 나아가 생각만으로 작품이 탄생하지는 않는 법, 구체적으로 돌을 쪼아서 조각을 만드는 작업이 필요하다. 이것이 작용인作用因이다. 마지막으로 조각을 하려는 작가의 의지가 중요하다. 의지는 목적인目的因이다.

질료인, 형상인, 작용인, 목적인이라는 네 가지 원인을 좋은 친구에 대입시켜보자. 좋은 친구는 나의 기질과 성향을 간파하고 있다(질료인). 그래서 내가 어떤 분야에 소질이 있고 무엇이 되면 좋을지를 잘 알고 있다(형상인). 끊임없는 충고와 도움으로 내가 더 나은 사람이 되도록 이끌며(작용인), 내가 더 좋은 사람이 되었으면 하는 열망과 애정으로 가득 차 있다(목적인).

이제 주변 사람들을 둘러보자. 이 네 가지 원인을 모두 갖춘 친구가 있는가? 먼저, 제일 좋은 '친구'인 부모님을 떠올려보자. 부모님은 나에 대한 애정으로 가득 차 있지만(목적인), 나에 대한 기대가 너무 큰 나머지(형상의 잘못된 파악) 내 능력을 과대평가하기 쉽다(질료의 잘못된 파악). 찰떡궁합으로 잘 지내는 또래 친구들은 어떤가? 어떤 친구는 나의 특성과 기질을 속속들이 알아(질료인) 친하게 지내지만, 정작 내가 장래에 어떤 사람이 될지에 대해서는 관심이 없다(형상인에 대한 무관심). 또 어떤 친구는 미래에 내가 얼마나 훌륭한 인물이 될지 가늠하며 '의도적으로' 나와 친해지려고 할지 모른다. 이 경우 자신의 이익을 챙기려 할 뿐, 비난과 손해를 감수하면서까지 나의 단점을 메워줄 만큼의 애정은 없다(목적인의 부족). 그래서 내가 옳지 않은 행동을 하더라도 말리거나 감싸주지 않는다(작용인이 없음). 이 같은 네 가지 원인으로 가까운 사람들을 분류해보면, 내게 진정 소중한 사람이 누구인지를 쉽게 판단해볼 수 있을 것이다.

달걀을 그냥 달걀로만 여긴다면, 이것은 단순히 식재료에 지나지 않는다. 그러나 달걀에서 늠름한 닭의 가능성을 찾는 사람은 오랜 시간 동안 알을 품고 보살펴 마침내 소중한 생명을 얻는다. 진정한 친구도 마찬가지다. 허물 많고 보잘것없는 지금의 내 모습에 개의치 않고 숨겨진 원대한 가능성을 알아보고 이를 북돋

아주는 사람만이 비로소 나를 완벽하게 실현해주는 네 가지 원인을 모두 채울 수 있다. 바로 이런 사람이 내게 진정으로 필요한 친구다.

친구는 나의 작품
—

이제 좋은 친구를 어떻게 얻는지 알아볼 차례다. 아리스토텔레스의 친구 사귀는 법은 "내가 대접받고 싶은 대로 상대를 대하라."라는 황금률을 떠올리게 한다. 《니코마코스 윤리학》에서 그는 이렇게 말한다. "좋은 친구를 얻으려면 먼저 나 자신이 선한 사람이 되어야 한다."

어떤 사람이 나의 벗이 될 만한지 재기 전에, 먼저 나 자신이 좋은 친구의 자질을 갖추고 있는지 살피라는 뜻이다. 그는 우정의 조건으로 '유사함'을 든다. 대개 비슷한 부류끼리 친구가 되는 법이다. 엘리트들은 그들끼리 모이고, 뒷골목에서 어깨를 과시하는 사람들도 끼리끼리 모이게 마련이다. 그러니 나 자신이 진정 선하고 덕 있는 사람이 된다면, 주변에는 어느덧 고매한 인품을 가진 사람들로 가득 차게 될 터다.

아울러 아리스토텔레스는 선한 사람들 사이에서만 진정한 우정이 꽃핀다고 말한다. "사귀고 싶은 마음은 금방이라도 피어오르지만, 우정은 하루아침에 생기지 않는다." 인간관계에서는 빠른 게 느린 것이고, 느린 게 빠른 것이다. 이익이나 즐거움에 끌려 단박에 친해진 사람들은 오래지 않아 얼굴 붉히며 헤어지는 경우가 잦다. 그러나 서로의 인품을 확인하면서 서서히 가까워진 사이는 오랜 세월이 흘러도 좀처럼 변함이 없다.

그렇다면 나의 가능성을 최대한 실현시켜주는 진정한 친구는 어떻게 찾아야 할까? 내 부족한 면을 채울 욕심으로 벗을 구한다면 결코 진정한 친구를 얻지 못한다. 좋은 물건을 손에 넣고 나면 더 훌륭한 상품에 욕심이 생기듯, 내 욕심으로 다른 이의 관심을 얻는다면 계속해서 남들의 더 큰 관심과 애정을 원하게 될 뿐이다. 상대의 능력과 애정에 의존하는 인간관계 속에서 나는 오히려 공허하고 부족함만 느끼게 된다.

진정한 친구는 오히려 나의 도움을 필요로 하는 이들이다. 성의를 다해 이들을 위할 때, 내 안의 능력은 비로소 완전하게 피어난다. 나의 노력으로 사랑하는 사람의 얼굴에서 환한 미소가 떠오를 때의 기쁨은 무엇과도 바꿀 수 없다. 선한 사람들은 친구에게 애정을 베푸는 일을 즐거워한다. 아리스토텔레스에 따르면, "친구를 위해 나를 희생하는 가운데서 나의 선함이 드러나기 때문"이다. 테레사 수녀의 자비로운 얼굴처럼, 기꺼이 어려운 이들을 돕는 사람의 얼굴은 밝고 아름답다. 그들의 삶은 사랑받기에 풍성한 것이 아니라, 남에게 애정을 베푸는 과정에서 고귀하고 아

름다워졌다. 이것이 "진정한 우정이란 사랑을 받기보다 사랑하는
것"이라는 말의 의미다.

인생의 진정한 벗을 원한다면, 멀리서 찾지 말고 가까이서 진정
한 친구를 만들기 위해 노력하라. 아리스토텔레스에 따르면, 진
정한 친구는 기쁨을 나눌 때는 함께 있기를 바라지만 괴로울 때
는 벗이 곁에 없기를 바란다. 나 때문에 고통받기를 원치 않기 때
문이다. 적지 않은 환자들이 자신의 병을 부모님이나 사랑하는
사람에게 감추고 싶어 하는 것에서 진실한 우정의 모습을 엿볼
수 있다.

아리스토텔레스는 "친구는 나의 작품"이라고 말한다. 친구를
보면 그 사람을 알 수 있다는 뜻이다. 나 자신이 먼저 벗에게 기쁨
은 나누고 고통은 덜어주는 사람이 되도록 하자. '작품' 수준으로
훌륭하게 갖추어진 나의 인격은 자석처럼 내 주변으로 친구들을
끌어당길 것이다.

그대는 사람들을 움직이게 하는
'무엇'을 가졌는가

피터 드러커

당근과 채찍

—

　미국 독립전쟁 때 일이다. 서배너Savannah 전투에서 영국군은 미군에게 엄청난 포격을 해댔다. 위기 상황, 미군의 지휘관 딜런 대령은 병사들에게 이렇게 외쳤다. "돌진하라! 영국군 진지에 깃발을 꽂는 자에게 100기니를 주겠다!"

　하지만 누구도 참호 밖으로 나서지 않았다. 실망한 대령은 병사들에게 겁쟁이라며 욕을 퍼부었다. 그러자 한 하사관이 화가 나서 이렇게 대꾸했단다. "대령님은 실수하신 겁니다. 목숨을 바쳐야 하는 일에 돈을 거시다니요. 그렇지 않았다면 우리는 영예롭게 진격했을 겁니다!" 이 말을 내뱉은 후, 그 하사관은 총탄을 뚫고 영국군 진지를 향해 달려갔다. 부대원들도 일제히 그의 뒤를 따랐다. 피터 드러커의 이론을 설명한 《리더스 윈도우》에 소개된 일화다.

경기가 바닥을 기는 요즘이다. 망하는 기업도 한둘이 아니다. 어떻게 앞날을 헤쳐나가야 할지 막막하기만 하다. 하지만 불황에도 아랑곳하지 않고 잘나가는 회사가 있게 마련이다. 1929년, 세계 대공황 때에도 무너진 기업만큼이나 막대한 이윤을 남긴 회사역시 많았다고 한다. 갈수록 어려운 상황, 위기를 헤쳐갈 방법은 없을까?

피터 드러커는 이런 고민에 명쾌한 답을 주는 경영 사상가다. 그는 이렇게 말한다. "당근과 채찍은 너무 효과가 좋기 때문에 문제다." 이 무슨 말일까? 의욕을 불러일으키는 데는 돈만 한 게 없다. 두둑한 성과급을 약속해보라. 나무늘보 같던 직원도 달리게될 것이다. 직장에서 내몰겠다 으름장 놓으면 느슨하던 분위기가 순식간에 팽팽해진다. 이렇듯 돈이란 '당근'과 해고라는 '채찍'은 효과 만점이다.

사람만이 사람을 변화시킬 유일한 수단이다

—

그러나 이 둘은 양날의 칼이다. 돈으로 의욕을 북돋는다고? 우리보다 봉급을 더 많이 주겠다는 회사가 있을 때는 어떨까? 그래도 직원들은 우리 회사에 남을까? 해고 협박은 말할 것도 없다. 한번 정 떨어진 마음은 다시 붙이기 어렵다. 자르겠다는 위협은 회사에 대한 직원들의 충성도를 바닥까지 끌어내린다.

드러커는 '지식 노동자'란 말을 처음 쓴 사람이다. 지식 노동자는 명령대로만 움직여서는 안 된다. 문제가 무엇인지 스스로 찾고, 해법도 알아서 내놓아야 할 때가 많다. 자발적이고 창의적이어야 한다는 뜻이다. 그래야 회사도 발전한다. 이들에게 '일 욕심'을 심어줄 방법은 무엇일까?

"지식 노동자 시대에는 사람만이 사람을 변화시킬 유일한 수단이다." 드러커의 주장이다. 그는 이렇게도 말했다. "회사의 리더는 '기업가적 비전'을 갖추어야 한다." 사회적 공헌, 고객만족, 시장 및 경제에 대한 혜택이 담긴 미래 계획을 품어야 한다는 뜻이다.

드러커의 주장은 이해하기 어렵지 않다. 사장이 자기 욕심만 가득한 사람이라 해보라. 직원들이 일하는 이유가 '회사 대표의 배를 불려주기 위해서'일 뿐이라면, 직원들은 자기 일에 자부심을 갖기 어렵다. 자발적으로 열심히 하는 모습을 기대하기는 더 어려우리라.

회사일이 세상을 더 밝고 따뜻하게 만드는 일이라고 믿을 때는 어떨까? 힘들어도 하루하루가 보람으로 가득할 테다. '기업가적 비전'은 그 어떤 보상과 처벌보다 효과가 크다. 드러커가 "혁신은 '가치'와 관련된 일이다."라고 한 말의 의미다.

그렇다면 스스로에게 이렇게 되물어보라. 나는 어떤 가치를 이루기 위해 일하고 있는가? 단지 돈 많이 벌어 편안하게 살기 위해서일 뿐이라면, 그 사람의 미래는 답답하다. 내가 편안해지기 위해 주변 사람들이 '헌신'해야 할 까닭이 없는 탓이다.

우리는 별처럼 빛나고 있는가
—

피터 드러커에 따르면, 마케팅이란 '고객의 욕구를 찾아내어 만족시키기 위해 노력하는 일'이다. 우리는 멋진 상품을 보면 새롭게 욕망이 치솟는다. 사람에 대해서도 마찬가지다. 애플의 전 CEO 스티브 잡스를 예로 들어보자. 애플 고객들의 충성도는 종교집단에 가깝다고 한다. 단지 아이폰이 멋지고 성능이 뛰어나서일까? 스티브 잡스는 창의성의 아이콘과도 같다. 그의 카리스마는 누구라도 저 사람처럼 되었으면 하는 바람을 품게 만든다.

그렇다면 '나'는, 우리 회사는 사람들에게 어떤 욕구를 불러일으키는가? '우리'처럼 되고 싶다는 절절한 욕망을 끓게 만드는 그 무엇이 우리에게는 있는가? 드러커는 말한다. "딸에게 좋은 배우자를 골라줄 때는 누가 좋은 남편이 될지를 생각하지 말라. 오히려 우리 딸이 누구에게 좋은 아내가 될지 고민하라."

높은 가치를 좇으며 자부심이 별처럼 빛나는 집단에게는 그에 어울리는 고객과 구성원이 모여들게 마련이다. 우리는 과연 그에 걸맞은 꿈을 품고 있는지 곱씹어 보아야 한다.

피터 드러커는 일찍이 한국을 "기업가 정신이 가장 충만한 나라"로 추켜세웠다. 대한민국은 언제나 위기를 기회로 바꾸던 나라다. 역사를 돌이켜보면, 지금의 불황과 어려움도 새삼스러울 게 없다. 성장을 위해서는 어려움과 도전이 필요하다. 이제 대한민국은 전 세계에서 가장 앞선 나라 가운데 하나다. 싸고 성능 좋은 상품을 만드는 일만큼이나, 남들이 우리를 닮고 싶게끔 이끄는 비전과 철학이 절실한 요즘이다. 미래가 걱정된다면 우리를 별처럼 빛나게 만들 위대한 꿈을 키울 일이다.

피터 드러커Peter F. Drucker는 1909년 오스트리아 빈에서 태어났다. 빈에서 김나지움을 졸업한 후 1927년 독일 함부르크에서 주식 분석

가로 일했다. 일을 하는 동시에 그는 국제법을 공부해 1931년 박사학위를 받았다.

1933년, 나치가 권력을 잡자 드러커는 영국에 잠시 머무르다 1937년 다시 미국으로 이민을 떠났다. 그 후 베닝턴 칼리지에서 7년간 교수로 재직했다. 이 시기에 드러커는 《산업인의 미래》를 썼으며, 이 책에서 그는 최초로 기업을 '현대 사회의 대표적인 사회 기관'으로 주장하였다.

1950년대 대부분을 드러커는 제너럴 일렉트릭의 최고 고문으로 보냈다. 당시 제너럴 일렉트릭은 '기술 지향적 기업 문화'를 갖고 있었다. 이 회사의 임직원들은 변화의 필요를 느끼지 못했다. "우리는 터빈을 생산하고 판매하는 데 왜 구태여 어느 공장에서 무엇을 만드는지를 알아야 하는가?"라고 되물을 정도로, 자기 주변 일 외에는 관심을 가지려 하지 않았다. 드러커의 혁신에 대한 확신과 시장 중심의 사고는 기업 자문 역할을 하면서 점점 굳어져갔다.

이후 그는 1950년부터 20년간 뉴욕 대학 교수로 근무했으며, 1971년부터는 캘리포니아 클레어몬트에 있는 드러커 경영대학원에서 강의를 했다. 2005년에 사망할 때까지 그는 《혁신과 기업가 정신》, 《21세기 지식경영》, 《넥스트 소사이어티》 등 40여 권의 책을 펴냈으며, 여러 기업에서 자문 역할을 맡았다.

피할 수 없다면
제대로 싸우자

클라우제비츠

세상은 전쟁터다

—

삶에서 다툼은 언제나 일어나게 마련이다. 갈라진 의견을 풀어갈 방법이 없을 때 서로의 목청이 높아지기 시작한다. 흥분한 상태에서 상처 주는 말들이 오가고 관계는 점점 더 꼬여만 간다. 어느새 싸움은 원래 의도에서 한참 벗어나버린다. 처음에는 무언가를 얻기 위해 다툼을 벌였지만, 나중에는 상대를 때리는 것 자체가 목적이 되어버린다. 상대를 더 많이 괴롭히고 더 아프게 하라. 상대가 내 앞에서 무릎을 꿇도록 말이다. 하지만 과연 내가 원하던 바가 이것이었던가?

모든 싸움의 60퍼센트는 하지 않았을 때보다 오히려 못한 상태로 끝난다. 싸우느라 나 자신도 만신창이가 되고, 주변 사람들은 내가 휘두른 폭력에 두려움의 눈초리를 보낸다. 이겨봤자 대부분은 상처뿐인 영광이고, 졌을 때의 치욕감은 말할 것도 없다.

그럼에도 복수에 눈먼 마음은 나 자신이 입을 피해나 소모를 아랑곳하지 않는다. 제대로 된 싸움과 어리석은 다툼을 가려내는 눈은 어떻게 기를 수 있을까? 나아가 가장 좋은 결과를 가져올 싸움 방법은 무엇일까? 클라우제비츠는 여기에 답을 주는 전쟁 철학자다.

절대 전쟁과 현실 전쟁

—

클라우제비츠는 프로이센의 장군답게 분명하고도 명쾌한 해법을 내놓는다. 제대로 된 다툼을 하려면 싸움의 본질을 알아야 한다. 그는 마치 실험실에서 연구하듯 전쟁의 본질을 차갑게 분석한다. 클라우제비츠는 전쟁을 "자신의 의지를 강요하기 위해 사용하는 폭력 행위"라고 잘라 말한다. 싸움의 마지막 목표는 상대의 싸울 힘을 완전히 짓밟아 없애버리는 일이다.

흥분해서 주먹을 휘둘러본 사람이라면 클라우제비츠의 이 말이 가슴에 와 닿을 터다. 싸움은 일단 시작되면 철저하게 파괴의 논리에 따라 이루어진다. 두려운 마음은 나 자신을 더욱더 폭력적으로 만든다. 상대를 이기기 위해서는 모든 힘을 쥐어짜야 한다. "승리는 피로 사는 것이다." 전쟁은 무자비하다. 만약 조금이라도 약한 모습이나 동정을 보여주었다가는 상대가 나의 약점을 가차 없이 파고들 것이다.

피 흘림 없이 승리를 얻으려는 장군에게 귀 기울여서는 안 된다. 전투의 참모습은 처참한 살육이다. 만약 휘두르는 칼을 인간적인 입장에서 부드럽게 하려는 자가 있다면, 결국 날카로운 칼을 쥔 장군이 이 무능한 군인들의 팔을 잘라버리고 말 것이다.

싸움꾼들은 다툼이 진행될수록 더 강하고 잔혹한 방법을 원한다. 싸움 자체의 목적은 상대를 철저하게 파괴하는 데 있다. 클라우제비츠는 이렇게 전쟁 자체가 돌아가는 모양새를 가리켜 '절대전쟁'이라고 부른다. 전쟁은 승리를 목표로 하고, 적의 완전한 파괴와 굴복을 원한다.

하지만 세상일이 모두 싸움의 원리로만 돌아가지는 않는다. 좋은 결과를 얻기 위해 때로는 다툼에서 지는 것이 더 나을 때도 있다. 프로 싸움꾼들은 다툼 자체에 매달리지만, 현실적인 사람들은 싸움으로 무엇을 얻을지를 계산한다. 예를 들어보자. 6·25전쟁 당시 유엔군 최고사령관이었던 맥아더는 핵무기를 써서라도 적을 완전히 파괴하기를 원했다. 하지만 미국 대통령 트루먼의 생각은 달랐다. 그는 적당한 지점에서 전쟁을 멈추고 서로 유리한 결과를 얻어 전쟁의 열매를 챙기는 쪽을 택했다.

트루먼의 입장은 일상의 우리와 크게 다르지 않다. 그렇기에 대부분의 싸움은 타협점을 찾아 멈추게 된다. 클라우제비츠는 이 점을 날카롭게 꿰뚫고 있었다. 그는 이를 '절대 전쟁'과 '현실 전쟁'으로 나누어 설명한다. 야만인들은 싸움을 그 자체로 즐긴다. 그러나 문명국가의 사람들은 다르다. 이들은 이익이 뚜렷할 때에만 전쟁을 받아들인다. 현실에서의 전쟁은 정치의 연속이다. 그래서 클라우제비츠는 이렇게 말한다. "전쟁 자체의 문법은 있으나 그 나름의 논리는 없다. 전쟁은 정치 논리의 수단에 지나지 않으며, 정치가 전쟁의 방법이 되어서는 안 된다."

현실은 전쟁을 소재로 한 컴퓨터 게임이 아니다. 게임에서는 상대를 파멸시켜야 승리를 거두지만, 실제 삶에서는 상대를 아예 없애는 것이 목표가 될 수 없다. 복수심에 불타서 상대를 때리는 데에만 매달린 나머지 자기 자신까지 파괴하는 쪽으로 몰고 가고 있지는 않은지 반성해볼 일이다.

진정한 승리를 얻는 방법

―

그렇다면 진정한 승리를 얻는 방법은 무엇인가? 클라우제비츠는 전쟁의 최고 덕목으로 '용기'를 꼽는다. 이와 동시에 그는 '불같은 머리보다는 냉정한 두뇌'를 주문한다. 다툼은 위험하고 고통스러우며, 우연에 휘둘리곤 한다. 싸움이 편안하고 즐거운 이들은 많지 않다. 사람들은 대부분 겁이 많다. 두려운 마음은 상대를 더 커 보이게 한다. 두려울수록 거짓 정보는 크게 다가오게 마련이다. 걱정이 많아지면 행동이 굼떠지고 자신감도 없어진다. 그러다 보면 어느덧 패배는 현실이 되어버린다.

이럴 때 무식한 용기는 오히려 상황을 나쁘게 한다. 클라우제비츠는 전투에서 장교에게 필요한 능력은 '사실, 지식, 판단에 기초한 명확한 판단력'이라고 힘주어 강조한다. 생활 속의 사소한 다툼에서도 마찬가지다. 있는 그대로의 사실을 보는 눈이 무엇보다 중요하다. "전쟁에서 우연과 고통이 한쪽에 있다면, 용기와 자신감은 다른 쪽에 있어야 균형이 잡힌다." 두려운 마음을 걷어내고 지금 벌어지는 상황을 객관적으로 보기 위해 노력해보자.

나아가 자신의 신념과 의지를 굳게 지켜야 한다. 싸움은 원래 의도대로 흘러가지 않는다. 클라우제비츠의 말을 빌리면, 다툼에는 숱한 마찰friction이 일어나게 마련이다. 머릿속에서는 모든 일이 완벽하게 굴러가지만, 현실에서는 예상치 못했던 문제들이 일어난다. 마찰이란 계획대로 되지 못하도록 막는 실전의 여러 문제들을 가리킨다.

마찰이 크면 클수록 마음을 대담하고 굳게 가져야 한다. 클라우제비츠는 지휘관에게는 '어떤 불안한 상황이 오더라도 처음의 생각을 굳게 지키는 자세'가 필요하다고 주장한다. 물론 이것이 고집이 될 때도 있다. 단지 나와 다른 목소리에 대한 거부감 탓에 자기 입장을 지키려 한다면, 이러한 굳건한 믿음은 고집일 뿐이다. 하지만 굳은 마음이 '신념과 높은 차원의 원칙에 대한 신뢰에서 비롯'된 것이라면 이는 소신이다.

상황이 점점 불리하게 돌아갈수록 마찰은 더욱 심해진다. 보통 사람들은 눈앞에 끔찍한 일이 닥치면 이상이나 목표 따위는 외면하기 일쑤다. 처음 예상했던 것과 다른 모양새로 일이 돌아가기 시작하면, 사람들은 주변의 부정적인 말에 귀가 솔깃해진다.

이런 때일수록 지도자의 말 한마디, 행동 하나가 더욱 중요하다. "용기로 가득 찬 부대가 싸울 때 지휘관의 의지는 별 필요가 없다." 지도자의 진정한 능력은 부하들이 힘도, 싸울 의지도 잃어버렸을 때 빛을 낸다. "사령관은 자기 가슴속에서 타오르는 불꽃, 정신 속에서 빛나는 불빛으로 모든 병사들의 열정과 희망을 다시 밝혀야 한다."

그렇다면 싸움에 나서기 전에 스스로에게 물어보자. 온갖 두려움을 물리칠 수 있을 정도로 싸움의 목표가 분명한가? 나는 과연 현실을 있는 그대로 보고 있는가? 혹시 공포나 분노에 휩싸여 문제를 어그러진 모양으로 바라보고 있지는 않은가? 이 질문들에 모두 긍정적인 답을 얻었다면 싸움에서 이길 확률은 대단히 높다.

패배조차 자랑스러울 만큼 최선을 다하라
—

클라우제비츠는 전쟁을 도박에 견준다. 도박에서 확실함이란 없다. 이길 가능성이 아무리 높아도 질 때가 있고, 패할 것이 분명해도 이길 때가 있다. 싸움도 그렇다. 결과는 뚜껑을 열어보아야 안다. 우세한지 불리한지는 진짜로 다투어보기 전에는 아무도 모른다.

그럼에도 싸움에 나서기 전에는 신중에 신중을 기해야 한다. 높은 가능성은 결국 현실로 이어지기 쉬운 까닭이다. 감정에 휩쓸리지 말고 냉정하게 현실을 따져보라. 그리고 일단 싸움에 나섰다면 단호하고 분명하게 처음의 원칙을 지켜야 한다. 패배는 대부분 줏대 없는 태도와 자신감의 상실에서 온다.

나아가 클라우제비츠는 '영광스러운 패배에 대한 자부심'을 강조한다. "유능한 지휘관은 전쟁이 성공적이지 않을 때 무리하지 않고 그대로 둘 줄도 안다." 모든 노력을 다했음에도 싸움에서 졌다면 결과를 깨끗이 받아들여야 한다. 그래야 필요 없는 상처와 소모를 줄일 수 있다. 패배를 자랑으로 받아들일 만큼 최선을 다하는 마음으로 싸움에 나간다면, 다투는 내내 공정하고 당당한 자세를 지킬 수 있을 것이다.

"계획을 세울 때는 대담하고 영리하게, 행동에 옮길 때는 단호하고 확고하게 하라. 영광스러운 목적을 향한 강한 의지를 품어라. 그러면 운명은 빛나는 영광과 승리를 안겨줄 것이다."

클라우제비츠가 쓴 《전쟁론》의 마지막 구절이다. 싸움으로 삶이 버거운 이들이여, 이 말을 가슴에 새기고 노력해보라. 어느덧 승리의 영광은 그대 것이 되어 있을 것이다.

카를 폰 클라우제비츠Carl von Clausewitz는 1780년 프로이센에서 태어났다. 그의 아버지는 장교였으며, 할아버지는 유명한 신학 교수였다. 1792년, 12세의 나이로 군대에 들어가 이듬해 첫 전투에 참가했다.

그의 시대는 나폴레옹, 헤겔, 괴테, 하이네 같은 전쟁과 문화의 영웅들이 활동하던 시기였다. 프랑스 대혁명으로 세상이 시끌벅적했던 시절이기도 하다. 그는 문화와 예술의 전성기에 독일 한복판에 있었다. 또한 유럽을 휩쓴 나폴레옹 전쟁에 참전하면서 여러 형태의 전투를 경험했다.

1810년, 클라우제비츠는 후에 프로이센 황제 빌헬름 1세가 되는 황태자에게 전쟁론을 가르치는 교수로 임용되었다. 1812년에는 나폴레옹의 몰락을 가져온 워털루 전쟁에서 참모 역할을 했다.

38세의 나이로 장군이 된 클라우제비츠는 이듬해 베를린 전쟁학교 교장으로 취임하여 10여 년의 세월을 보낸다. 이 시기에 그는 수많은 논문과 글을 썼으며, 《전쟁론》도 대부분 이때 썼다. 1831년, 클라우제비츠는 콜레라로 브레들리에서 사망했다. 그의 대표작인 《전쟁론》은 그의 사후에 아내가 여기저기 흩어져 있던 원고와 메모를 모아 출판한 것이다.

클라우제비츠의 이론은 그의 체험에서 우러나온 것이다. 그보다 한 세대 전만 해도 전쟁은 '예술'에 가까웠다. 수만 명이 싸우고도 사망자가 한 명도 없는 전쟁도 흔했다. 군인들 대부분이 용병이었던 까닭이다. 전쟁 이유도 왕과 귀족들끼리의 다툼인 경우가 많았다.

하지만 프랑스 대혁명 뒤에 만들어진 군대는 달랐다. 자유, 평등, 박애의 정신으로 뭉친 시민군은 그야말로 '큰 군대grande armée'였다. 시민들이 모든 힘을 전쟁에 쏟는 '전면전'의 상황이었다. 열두 살에 입대해서 열세 살에 첫 전투를 치른 클라우제비츠의 뇌리에 박힌 전쟁은 바로 이런 것이었다. "실제 전투에서 겪은 경험은 너무도 생생하여 모든 정리된 생각을 잊게 한다."

"계획을 세울 때는 대담하고 영리하게,
행동에 옮길 때는 단호하고 확고하게 하라.
영광스러운 목적을 향한 강한 의지를 품어라.
그러면 운명은 빛나는 영광과 승리를 안겨줄 것이다."

· 클라우제비츠 ·

서로 다른 믿음이
관계를 무너뜨린다면

묵자

단지 다른 종교라는 이유만으로

—

    종교 갈등은 21세기 들어 더 심해졌다. 이슬람과 기독교의 해묵은 갈등은 좀처럼 풀릴 기미가 보이지 않는다. 이슬람과 힌두교 사이는 또 어떤가. 핵무기를 움켜쥔 채 으르렁거리는 파키스탄과 인도는 늘 세계를 불안하게 한다. 이처럼 종교는 끊임없이 다툼의 씨앗이 되곤 한다.

    우리네 일상도 다르지 않다. 주변을 둘러보면, 종교가 다르다는 이유로 결혼하지 못한 남녀 한둘은 찾아볼 수 있을 터다. 학교에서 강제로 종교 교육을 시킨다고 뛰쳐나오는 학생들도 있다. 가족 중 누가 교회나 절에 나가자며 손을 끄는 바람에 실랑이를 벌이는 풍경도 낯설지 않다. 길거리에도 종교 스트레스는 가득하다. "예수 천국! 불신 지옥!"을 외치는 신도들, 시주 단지를 앞에 놓고 절하는 사람들, 자기 종교를 알리는 종이쪽지를 돌리는 이들은 또 얼마나 많은지.

종교 때문에 벌어지는 다툼은 좀처럼 풀기 어렵다. 아무리 그럴싸해도 다른 종교를 받아들인다는 것은 곧 '신앙이 부족하다는 증거'처럼 여겨지는 탓이다. 그런 만큼 대화로 문제를 해결하기가 참 어렵다.

종교 문제로 머리가 지끈거린다면 묵자를 만나보라. 묵자는 지금의 여느 종교인들과 많이 닮았다. 그는 신과 영혼을 잘 믿고 섬기라고 강조할뿐더러, 모두를 사랑하라고 힘주어 말한다. 어느 종교에나 억하심정을 품은 이들이 있게 마련이다. 묵자도 그랬다. 공자를 뿌리로 한 유가도, 한비자의 법가도 묵자에 대해 목소리를 높였다. 하지만 묵가 사상은 세월이 흐르면서 유가와 법가에 고루 녹아들었다. 처음에는 감히 맞서기 어려워 얼굴을 붉히다가, 나중에는 그 큰 뜻에 마음이 열린 것이다. 그만큼 묵자의 가르침은 설득력이 강하다.

차별 없이 모두를 사랑하라

—

학자들은 묵자의 사상을 '겸애兼愛'라는 말로 정리하곤 한다. 겸애란 차별 없이 모두를 사랑하라는 말이다. 묵자는 이렇게 말한다.

세상에 왜 난리가 생기는지 고민해보라. 그 이유는 서로 사랑하지 〔相愛〕 않기 때문이다. …(중략)… 높은 자리에 있는 사람들이 남의 집안을 어지럽히고, 제후들이 남의 나라를 공격하는 까닭도 그렇다. 이들은 자기는 사랑하면서도 다른 이는 사랑하지 않는다. …(중략)… 만약 모든 사람들이 서로 사랑하여 남을 아끼기를 자기같이 한다 해보자. 그래도 불효자가 있겠는가? 남의 가문을 자기 집처럼 본다면 누가 상대를 어지럽히겠는가? 또 남의 나라를 자기 조국처럼 여긴다면 누가 다른 나라에 쳐들어가겠는가?

제대로 된 종교들은 하나같이 서로 사랑하라고 권한다. 묵자 역시 다르지 않다. 묵자는 심지어 "물로 물을, 불로 불을 막지 말라."고 충고한다. 상대방이 나에게 해를 끼치더라도 똑같이 맞서지 말고, 오히려 사랑으로 덮어야 한다는 뜻이다. "누가 오른뺨을 치거든 왼뺨마저 내밀라."라는 예수의 가르침, 상대를 해쳐서 업보를 쌓지 말라는 불가의 지혜와 일맥상통하는 말이다. 서로 사랑하라는 묵자의 주장은 모든 종교인이 고개를 끄덕일 지당한 가르침인 것이다.

문제는 그 다음부터다. 과연 모두를 차별 없이 사랑하는 것이 가능할까? 이는 어찌 보면 '태산을 옆에 끼고 양쯔 강과 황허를 건너는 일'처럼 엄청나 보인다. 누가 남의 아비를 자기 아버지처럼 사랑하겠는가. 남들을 자기만큼 사랑하기란 쉽지 않다.

종교의 위대함은 여기에서 돋보인다. 종교는 여느 사람들이라면 엄두도 못 낼 '사랑의 힘'이 솟구치게 만든다. 묵자를 따라가보자.

옛 성왕聖王들은 하늘과 영혼이 바라는 바를 들어주고, 이들이 싫어하는 짓을 하지 않았다. 그래서 세상에 이로움을 주고 해로움을 없앴다. …(중략)… 하늘과 영혼을 섬김에 있어 술과 음식을 깨끗하게 했으며, 살찐 소와 양을 제물로 삼았다. 제사에 쓰이는 구슬과 비단도 격에 맞추었다.

성왕들이 돌아가신 뒤로, 세상은 의로움을 잃고 오직 힘만으로 다스리는 곳이 되어버렸다. …(중략)… 어째서 이렇게 되었는가? 귀신이 있다는 사실을 의심하게 되면서, 현명한 자들은 상을 받고 거친 자들은 대가를 치른다는 사실이 희미해진 탓이다.

죽고 나면 모든 것이 끝난다고 믿는 이들은 목숨 바쳐 남을 사랑하기가 쉽지 않다. 하지만 종교인들은 다르다. 그들은 죽음 뒤에 또 다른 세상이 있다고 굳게 믿는다. 더욱이 순간순간 고귀한 영혼이 자신을 지켜보고 있다고 확신한다. 그러니 한순간이라도 자기 이익만 좇도록 자신을 놔둘 리 없다. 살라딘Saladin 같은 신앙 깊은 이슬람 군주도 그랬다. 십자군이 자기 나라에 쳐들어왔는데도, 그는 딸을 잃어버리고 울부짖는 기독교 여인을 보며 눈물을 흘렸다. 그리고 최선을 다해 딸을 찾아 여인의 품에 안겨주었다. 진정한 신앙이 없다면 힘든 일이다.

그렇다면 주변의 종교인들을 돌아보자. 사랑을 최고로 삼지 않는 종교는 없다. 자잘한 교리 차이는 던져버리자. 그리고 목숨을 던져서라도 사랑을 이루려 한 성자들을 떠올려보자. 신앙은 사랑이 이기심과 미움을 뛰어넘도록 큰 힘을 불어넣는다. 자기 마음 속 종교가 주는 사랑의 가르침을, 그리고 상대가 품고 있을 사랑의 마음을 떠올리면 어지간한 미움은 자리 잡을 곳이 없다.

모든 종교는 화합을 강조한다. 종교는 가족보다 더 진한 사랑의 공동체를 이루도록 만든다. 그 비결은 어디 있을까? 당연히 신에 있다. 신은 세상 모든 것을 똑같이 사랑하고 아낀다. 묵자 또한 이 점을 강조한다.

하늘(天)은 사람들이 서로 사랑하고 이롭게 하기를 바란다. 결코 서

로 미워하고 해치기를 원하지 않는다. …(중략)… 이는 무엇으로
알 수 있는가? 하늘이 모두를 사랑하고 이롭게 한다는 점에서 알
수 있다. 하늘은 모든 것을 지켜주고 모든 이를 먹여주지 않는가.

하늘의 뜻에 따라 사람들을 모두 사랑하고 이롭게 하면 상을 받는
다. 하늘의 뜻에 거스르는 자들은 사람을 가리게 되어 서로 미워하
고 해치게 된다. 그러면 하늘의 벌을 받게 마련이다.

묵자는 세상의 모든 예의와 법도는 하늘에서 온다고 보았다. 아
이는 어른을 닮고, 부하는 상사를 본받는다. 그렇다면 어른과 상
사는 누구를 모범으로 삼는가? 바로 하늘이다. 하늘이란 신과 다
르지 않다. 하늘이라는 말을 '양심'으로 바꿔도 의미가 크게 엇나
가지 않을 듯싶다.

종교인들은 신 같은 절대자를 믿는다. 그리고 절대자의 가르침
을 오롯이 따른다. 그런데 누구를 괴롭히거나 죽여야만 한다고
강조하는 종교가 있을까? 제대로 된 종교라면 그럴 리 없다. 내
마음속 착한 가르침을 따르기만 해도, 신의 뜻에 어긋나는 법은
좀처럼 없다. 웃어른들은 착하고 완전한 신의 뜻을 따르고 나머
지는 그 어른들을 존경하는 사회, 묵자가 말하는 상동尚同을 이룬
세상의 모습이다. 그렇게 되면 종교인들도 서로 갈등할 이유가
없다. 어느 신을 믿더라도, 신은 반드시 사람들을 따뜻하게 감싸

안으로고 가르칠 테니까 말이다. 믿음이 큰 어른일수록 다른 종
교인들을 겸허하게 받아들이는 것은 이런 이유에서다.

제대로 된 종교란
—

세상에는 나쁜 종교도 적지 않다. 믿음을 내세워 돈을 빼
앗거나 사람들을 괴롭히는 사이비 종교들이 얼마나 많은가. 그러
나 사이비 종교에 빠진 사람들은 자신들이 그릇된 신앙을 갖고
있음을 깨닫지 못한다. 우리는 묵자에게서 믿음이 제대로 되었는
지를 가려내는 방법도 배울 수 있다.

묵자는 숙명론을 반대한다. 숙명이란 우리의 삶이 이미 결정되
어 있다는 말이다. 사이비 종교일수록 신의 뜻은 운명과 가깝다.
자기가 할 수 있는 일은 없으며, 행운과 불행은 오직 신의 뜻에 따
라 결정될 뿐이다. 신령님께서 노하셨으니 돈을 내놓으라는 식이
다. 하지만 묵자는 운명이란 없다고 잘라 말한다. 그는 인간이라
면 하늘의 뜻과 성왕의 말씀, 그리고 무엇이 사람들에게 이로운
지를 잘 헤아려야 한다고 충고한다. 제대로 된 종교들이 가르치
는 바와 전혀 다르지 않다.

그뿐 아니다. 묵자는 절용節用을 애써 강조한다. 절용이란 절약
하며 검소하게 살라는 뜻이다. 옷의 목적은 추위를 막는 데 있고,

음식을 먹는 까닭은 허기를 채우고 몸을 튼실하게 만드는 데 있다. 멋진 옷을 입고 맛있는 음식을 먹으려는 욕심은 사치에 지나지 않는다. 사이비 종교들은 크고 화려한 것을 좇으면서 사람들의 욕심도 돋운다. 하지만 진정한 종교인들은 검소한 생활 속에서 신의 뜻을 살피며 자신을 돌보라고 권할 뿐이다.

혹시 운명을 앞세워 믿음을 강요하는 종교인의 말에 솔깃해본 적은 없는가? 돈과 명예에 대한 욕심을 부추기는 종교는 없는가? 있다면 그쪽으로 쏠리는 마음을 진정시키도록 하자. 진정한 종교라면 사람들에게 용기와 절약의 아름다움을 일깨워주게 마련이니까.

과연 신은 이것을 원하실까

—

묵자가 이룬 공동체는 "묵자의 말이라면 모두 불에 뛰어들고 칼날이라도 밟았다."라는 기록이 있을 만큼 충성심이 강했다. 종교적인 믿음이 없다면 불가능한 이야기다. 하지만 그의 큰 가르침은 "겸兼하여 상애相愛하라."는 것이었다. 자기 목숨을 바쳐서라도 상대를 사랑하라는 뜻이다.

그렇다면 묵자의 가르침에 비추어, 주변에서 '종교 스트레스'를 주는 이들을 찬찬히 살펴보자. 만약 내가 다른 믿음을 가진 이들에게 상처를 준다면 신은 과연 기뻐하실까? 저 사람이 그토록 자신의 믿음을 전해주려는 까닭은 나를 괴롭히고 싶어서일까? 내 주변의 누구는 과연 다른 사람들을 자신처럼 사랑하기 위해 종교에 온 재산을 바쳤을까?

묵자의 가르침은 다른 종교인들과 평화롭게 지내는 법을, 그리고 잘못된 믿음을 골라내는 안목을 우리에게 전해준다. 서로 사랑하는 마음을 잃지 않는다면 종교는 결코 내 삶에 스트레스가 되지 않을 것이다.

묵자墨子의 삶에 대해서는 알려진 바가 거의 없다. 사마천의 《사기》에서도 "묵적墨翟은 송나라의 대부로, 수비를 잘하고 비용을 아꼈다. 어떤 이들은 그를 공자와 같은 시대에 살았다고 하고, 다른 이들은 공자보다 뒤에 살았다고 말한다. 어느 쪽인지 분명하지 않다."라고 간단히 적고 있을 뿐이다.

묵적은 묵자의 이름이다. 이 이름조차도 진짜인지 알 수 없다. 많은 학자들은 그가 얼굴에 먹물을 들이는 묵형墨刑을 받아서 이런 이름을 가졌으리라 추측하곤 한다. 여러 자료를 보건대, 그는 낮은 계층 출신이었던 듯싶다. 《묵자》라는 책에서 주로 기술에 대한 이야기며 생업에 대한 논의가 많이 나오기 때문이다.

그의 사상은 당대에 큰 영향을 끼쳤으나, 이내 수그러들고 말았다. "모두를 사랑하라." 등등의 가르침을 따르려면 종교인에 가까운 희생과 깨달음이 있어야 하는 까닭이다. 묵자와 경쟁하던 유가와 법가는 묵자의 가르침을 많이 빨아들였다. 그래서 묵자의 주장은 드러나지 않게 지금도 우리네 사고방식의 밑바닥에 깔려 있다. 처음 읽어도 묵자가 낯설지 않은 이유다.

사람의 숲으로 가는 길

철학에 사회를 묻다

사람들은 자신에게 호의를 베푸는

중요한 것은

자에게 애정으로 보답하게 마련이다. '이익'이 아니라 호의의 순환이다.

중요한 것은
이익이 아니라 호의의 순환이다

마르셀 모스

주어도 고민, 받아도 고민

—

　　직장인들에게 부조는 세금만큼이나 무섭다. 결혼식, 장례식, 돌, 환갑잔치 등등 챙겨야 할 대소사가 어디 한둘이던가. 여기저기 부조금을 내다 보면 지갑은 이내 홀쭉해진다. 그렇다고 내가 낸 돈들을 돌려받는다는 보장도 없다. 그래도 관계와 체면을 생각할 때 부조를 안 할 수도 없다. 우리는 왜 이런 '비합리적인' 일을 이어가고 있을까?

　　하지만 인류학자 마르셀 모스Marcel Mauss에 따르면, 부조는 늘어가는 자본주의를 바로잡을 대안이다. 그는 《증여론》이라는 책에서, 조건 없이 주는 증여야말로 사회를 올곧게 세울 핵심 장치라고 말한다. 무슨 생각으로 그는 이런 말을 했던 것일까?

마르셀 모스는 증여를 설명하기 위해 북아메리카 원주민의 포틀레치, 태평양 섬에서 벌어지는 쿨리 등을 예로 든다. 그러나 우리로서는 '부조금'을 사례로 들 때 증여가 보다 쉽게 이해된다.

아낌없이 주어야 하는 의무

—

증여에는 세 가지 의무가 따라붙는다. 주어야 할 의무, 받아야 할 의무, 답례해야 할 의무가 그것이다. 우리는 축하할 일, 위로할 일이 있는 사람들에게 호의를 베풀어야 한다. 그것도 아낌없이 후하게 주어야 한다. 그렇게 하지 않으면 우리는 쩨쩨하다고 비난받을지도 모른다.

또한, 우리에게는 남들의 도움을 받아들여야 할 의무도 있다. 상대의 선물을 뿌리치는 일은 그 자체로 '당신과는 관계를 맺지 않겠다'는 신호가 될 수도 있다. 나아가, 받은 사람은 준 사람에게 그 이상으로 답례를 해야 할 의무가 있다. 제대로 보답을 하지 않는다면, '경우가 없는 사람'으로 찍힐 수도 있다.

문제는 이 모든 것이 의무일 뿐 강제는 아니라는 점이다. 마르셀 모스의 표현대로, 부조는 '총체적total'이다. 우리는 부조를 통해 돈과 함께 살가움과 배려를 나눈다. 전혀 모르는 사람, 애정을 나눌 일 없는 사람과는 부조를 주고받지 않는다. 이 점에서 부조는 인간관계와 상관없이 이익을 칼같이 나누는 거래와는 다르다.

부조 같은 증여에 있어 가장 칭송받는 사람은 누구일까? 아낌없이 베푸는 사람이다. 증여는 경쟁이기도 하다. 누가 더 많이 내놓았는지, 누가 더 자비로운지를 놓고 사람들은 '명예 경쟁'을 벌인다. 증여에 익숙한 사회에서도 사람들은 돈을 벌기 위해 아득바득한다. 그러나 돈 버는 목적은 더 많이 주기 위해서 재원財源을 마련하는 데 있다. 증여에는 받은 것 이상으로 돌려주어야 한다는 의무도 있기에, 받은 사람도 마음 편하지 않다. 충분히 보답하기 위해서는 마찬가지로 열심히 일해 돈을 벌어야 한다. 이런 구도 하에서는 빈부 차이가 크게 벌어지기 힘들다. 호의와 보답이라는 명분으로 부가 끊임없이 돌고 돌기 때문이다.

자본주의 사회에서는 어떨까? 자본주의에서 가장 인정받는 사람은 부자들이다. 부자가 되려면 절약하며 '합리적'으로 돈 관리를 해야 한다. 주는 것보다 받는 것이 많아야 한다는 소리다. 돈이 많아야 대접받는 사회에서는 이해득실을 따질 수밖에 없다. 자본주의 경제에서는 친분과 관계없이 이익을 칼같이 나눈다. 그래서 사람들 사이는 점점 멀어진다. 부자들은 이익이 되지 않는 사람들과 굳이 관계를 이어갈 필요를 느끼지 못한다. 가난한 이들도 자신들을 멀리하는 돈 많은 자들을 증오한다. 빈부 격차가 벌어지면서 계층 갈등도 심해지는 이유다. 돈이 사회 한쪽에 몰려 있으니 경제도 제대로 굴러가지 않는다.

베풀기 위해 버는 사회

—

이쯤 되면 마르셀 모스가 왜 '증여'를 자본주의의 대안으로 꼽았는지 짐작이 간다. 증여가 중심이 되는 사회에서 돈을 버는 목적은 "남들에게 베풀기 위해서"다. 이런 구도에서는 사람들에게 많은 것을 줄수록 더 존경받고 돈도 더 많이 '돌아온다.'

지금의 기업들에 이 논리를 적용해보자. 진정으로 사회에 많은 혜택을 주기 위해 애를 쓰는 기업이 있다면 어떨까? 사회에 더 많이 기여하기 위해 더 많은 돈을 필요로 하는 기업을 시민들은 어떻게 대할까? 소비자들은 그 기업의 상품을 사는 일을 '호의에 대한 보답'으로 여길 것이다. 진정으로 사랑받는 기업의 모습이다.

반면, 대부분의 기업들은 이익을 최고의 목적으로 한다. '사회공헌'은 탐욕을 가리기 위해 내세우는 명분일 뿐이다. 시민들이 과연 겉으로는 공익을 외치지만 더 많은 이윤에만 목매다는 회사를 사랑해줄까?

"네가 받은 만큼 주어라. 그러면 모든 일이 잘될 것이다." 마오

리 족의 격언이다. 증여의 경제는 버는 것보다 주는 것에 방점을 둔다. 사람들은 자신에게 호의를 베푸는 자에게 애정으로 보답하기 마련이다. 중요한 것은 '이익'이 아니라 호의의 순환이다. 마르셀 모스가 왜 '증여'를 자본주의의 대안으로 여겼는지 곰곰이 생각해볼 일이다.

마르셀 모스Marcel Mauss는 1872년 프랑스 에피날에서 태어났다. 저명한 사회학자 에밀 뒤르켐Emile Durkheim의 조카다. 보르도 대학에서 철학을 공부할 당시, 그는 에밀 뒤르켐에게 직접 가르침을 받았다. 1893년 철학교수 자격을 취득한 후 1902년 프랑스 고등연구원의 원시종교학 교수가 되었다. 1925년 파리 대학 민족학연구소를 세웠으며, 뒤르켐 학파의 학술지 〈사회학 연보〉를 새롭게 편집하여 명실공히 뒤르켐의 후계자가 되었다.

1931년부터 1939년까지 콜레주 드 프랑스의 교수로 재직했으며, 고등연구원 원장으로도 일했다. 1950년 세상을 떠났다.

재산이 내 곁에
오래 머물도록 하려면

애덤 스미스

미꾸라지처럼 빠져나가는 재물

—

"한 장소에 1년 있으려면 씨를 뿌려라. 10년을 머무르려면 나무를
심어야 한다. 100년간 남아 있으려면 덕을 쌓아라."

사마천의 《사기》에 나오는 말이다. 재산은 미꾸라지와 같다. 손
에 들어왔다 싶다가도 어느새 빠져나간다. 크게 한몫 잡고도 순
식간에 망한 사람들이 어디 한둘이던가. 재산을 잘 관리하고 튼
실하게 꾸리려면 어찌해야 할까? '보이지 않는 손'으로 유명한 애

덤 스미스는 이 질문에 명쾌하게 답을 준다. 그는 무엇보다 '존경받는 부자'가 되라고 충고한다.

애덤 스미스는 《도덕감정론》에서 인생의 목표를 '재산에 이르는 길Road to Fortune'과 '덕에 이르는 길Road to Virtue'로 나눈다. '재산에 이르는 길'은 돈과 명예를 좇는 삶이다. 반면, '덕에 이르는 길'은 지혜를 배우며 덕을 기르는 생활을 뜻한다. 애덤 스미스에 따르면 이 둘은 결국 같은 길이다. 돈을 벌려면 정직하고 부지런해야 한다. 친절하고 배려심 깊을수록 손님도 많이 몰려들게 마련이다. 돈을 버는 일은 인격을 닦는 과정이기도 하다.

오랜 세월, 온갖 고생을 겪으며 일가를 일군 사람들을 보라. 이들의 표정에는 깊은 지혜와 높은 인격이 묻어난다. 요행수로 큰돈을 움켜쥔 졸부들은 어떤가? 이들은 터무니없는 '갑질'로 주변의 눈살을 찌푸리게 하기 일쑤다. 재산에 걸맞은 인격을 갖추지 못한 탓이다.

재산을 쌓는 과정은 관용, 인간애, 친절, 동정심, 우정 등을 배우는 과정이어야 한다. 돈을 모으면서 부자에게 어울리는 인품도 길러야 한다는 뜻이다. 오래가는 부자가 되려면 어떻게 해야 할까? 애덤 스미스의 답은 분명하다. 일을 할수록 나에게 제대로 된 기품과 도덕이 새겨지고 있는지부터 점검해야 한다.

관계를 이끄는 보이지 않는 손

—

나아가, 가진 것이 많아지고 지위가 올라갈수록 세상을 보는 눈도 깊고 넓어져야 한다. 애덤 스미스는 우리에게 '공평한 관찰자impartial spectator'가 되라고 권한다. 어린아이는 자기만 생각한다. 그러나 연륜이 쌓일수록 우리는 다른 상황, 다양한 처지에 처한 사람들의 관점에서 세상을 바라볼 수 있게 된다.

학생의 관점을 넘어 교사의 시각에서 자신을 바라보는 아이는 성숙해 보인다. 평사원의 이해관계를 뛰어넘어, 시장을 움직이는 지도자의 관점에서 상황을 해석하는 직원은 남다른 판단을 내린다. '공평한 관찰자'란 다양한 경험과 반성을 통해 세상의 본질을 객관적으로 보는 사람이다.

최고경영자 가운데는 밑바닥부터 일을 배우며 '경영 수업'을 거친 사람들이 적지 않다. 이 가운데서 그들은 손님의 요구, 직원의 처지, 중간 관리자의 입장 등을 이해하게 된다. 이해심 깊게 세상을 바라보고 객관적으로 처신하는 방법을 익혀나가는 셈이다.

애덤 스미스에 따르면, 칭찬과 비난은 인간관계를 이끄는 '보이지 않는 손'이다. 사람들은 칭찬받는 일을 기꺼이 하고, 비난 살 일은 피하려 한다. 그러나 누구의 칭찬과 비난에 민감한지에 따라 인격의 수준은 갈리게 마련이다.

'연약한 사람weak man'은 가까운 사람들의 평가에 민감하다. 동료와 친구들이 자신을 어떻게 생각하는지에 늘 전전긍긍한다. 반면, '지혜로운 사람wise man'은 '공평한 관찰자'의 눈으로 자신이 칭찬받을 만한지, 비난 살 만한지를 가늠한다. 그래서 늘 강단 있고 일관된 모습을 보인다.

재산은 인격을 갖춘 곳에 머문다

경주 최 부자 집은 무려 12대, 300년을 이어온 명문가다. 최 부자 집의 가훈은 이렇다. "찾아오는 과객은 귀천을 따지지 말고 후하게 대접하라. 흉년에는 땅을 사지 마라. 시집온 며느리는 3년간 무명옷을 입어라. 사방 백리에 굶어죽는 이가 없도록 하라."

애덤 스미스 식으로 보자면, 이 가운데 '재산에 이르는 길'에 해당하는 것은 없다. 모두 '덕에 이르는 길'에 어울릴 가르침들이다.

"군자가 부자가 되면 덕을 쌓으며 기쁨을 누린다. 반면, 부자가 된 소인배는 권세를 뽐내려 든다."

사마천의 말이다. 재산은 그에 걸맞은 인격과 도덕을 갖춘 사람들 곁에 오래 머문다. 덕에 이르는 길과 재산에 이르는 길이 같다는 애덤 스미스의 충고를 새겨들을 일이다.

애덤 스미스Adam Smith는 1723년 스코틀랜드 커콜디에서 세무 관리의 아들로 태어났다. 열네 살에 글래스고 대학에 입학해 도덕철학을 공부했다. 1740년에는 장학생으로 옥스퍼드 대학에 들어갔으나 1746년 스스로 학교를 그만두었다. 1751년 글래스고 대학 교수가 되었다.

1759년에 출간한《도덕감정론》으로 애덤 스미스는 유럽 전역에서 명성을 얻게 되었다. 그의 가르침을 받기 위해 글래스고 대학에 입학하는 유럽의 부유층 자제들이 늘어날 정도였다고 한다. 1764년에는 타운젠트 공작 집안의 가정교사가 되어 그의 아들과 함께 유럽여행을 떠났다. 2년 동안 프랑스 등지를 여행하며 다른 나라의 행정을 관찰하고 저명한 사상가들을 만나며 영향을 받았다.

영국으로 돌아온 후 저술에 전념한 그는 1776년 경제학 최고의 고전이 된《국부론》을 출간하기에 이른다. 1778년 에든버러 관세 위원을 역임하고, 1787년에는 글래스고 대학 학장의 자리에 올랐다. 1790년, 평생 독신으로 산 애덤 스미스는 자택에서 세상을 떠났다. 에든버러에 있는 그의 묘비에는 "《도덕감정론》과《국부론》의 저자 애덤 스미스, 여기에 잠들다."라고 새겨져 있다.

오래가는 부자가 되려면 어떻게 해야 할까?
일을 할수록 나에게 제대로 된
기품과 도덕이 새겨지고 있는지부터 점검해야 한다.

집단과 명분에
휘둘리지 않는 법

니부어

내가 가장 후회스러울 때

—

 사회생활을 하다 보면 '총대를 메야 하는' 경우가 생기곤
한다. 반장이라는 이유로 호랑이 선생님에게 '대표'로 한마디 해
보라고 내몰린 적은 없는가? 직책이 없어도 그렇다. 부당한 대우
탓에 모두 입이 나온 상황에서는, '나'라도 나서서 한마디 해야 할
것 같은 기분이 든다.

 하지만 앞장선 뒤끝이 꼭 좋지만은 않다. 때로는 바보가 된 듯
한 허탈감마저 밀려든다. 그때는 옳다고 생각했는데, 나중에 차

근히 생각해보니 아주 유치한 이유로 흥분했다는 후회가 들 때는 더욱 그렇다. 불법 다단계 판매업자들에게 말려든 사람들을 예로 들어보자. 한창 열이 올랐을 때는 얼마나 많은 회원을 끌어들이고 물건을 팔았는지가 삶의 가장 큰 목표처럼 여겨진다. 그러나 정신을 차리고 나면, 헛된 목표를 좇았던 자신이 후회스러울 뿐이다.

좀더 차원을 높여보면 이런 일은 더 자주 찾아볼 수 있다. 예컨대, 나치나 일본 제국주의에 충성했던 군인들이 그렇다. 전쟁 당시에는 조국이 내세우는 고귀한 이상에 벅차서 몸 바쳐 싸웠을 터다. 하지만 진실은 어떤가? 부끄럽고 악한 목적에 속아 이용당했을 뿐이지 않은가!

그러니 세상살이는 중간에 서서 묻어가는 것이 최선인 듯도 하다. 꽁무니에 있으면 비겁자로 몰리기 십상이고, 앞장섰다가 일이 잘못되면 창피와 책임을 죄다 뒤집어쓰니 말이다. 그렇다면 가늘고 모진 소시민의 삶이 최고 아니겠는가?

모든 사람이 이렇게 생각한다면, 역사를 이끌 영웅은 나올 수 없다. 용기 있게 주먹을 불끈 쥐고 나서는 이들 덕택에 사회는 발전한다. 그러나 내가 총대를 메야 할 이 상황이 진짜 잘못되었는지 확신하기란 그리 쉬운 일이 아니다. 지금 나섰다가 나중에 어리석게 이용만 당했다고 손가락질받지는 않을지, 과연 뭇매를 맞을 각오로 일어설 만큼 가치가 있는지 판단이 서지 않는다. 그럼

에도 마음은 분한 생각으로 가득하다. 이럴 때 나는 어떻게 해야
할까?

이것은 과연 정의로운가

—

　　이러한 고민에 대해 라인홀드 니부어는 확실한 해결책을
제시한다. 니부어의 대표작인 《도덕적 인간과 비도덕적 사회》는
그 제목에서부터 갈등을 풀어갈 판단 잣대를 준다.
　하나하나의 인간은 도덕적일 수 있다. 그러나 사회는 비도덕
적일 수밖에 없다. 무슨 말일까? 예를 들어, 담장을 어디에다 쌓
을지를 놓고 이웃과 언쟁이 벌어졌다고 해보자. 이때 나는 옆집
과 나누었던 정을 생각해서, 탐탁지 않더라도 몇 평 정도는 기꺼
이 손해 볼 수도 있겠다. 그러나 국가 사이에 이런 일이 벌어졌다
면 어떨까? 두 나라 사이에 놓인 조그마한 섬을 놓고 영토 분쟁이
일어났을 때, 어떤 통 큰 지도자가 "섬 하나 정도는 그냥 주어버
리자."라고 한다면 어떤 일이 벌어질까? 외교 감각 없는 지도자
로 몰려 당장 쫓겨날지도 모른다. 이처럼 집단은 커지면 커질수
록 도덕심과는 상관없이 움직인다. 그래서 니부어는 이렇게 말한
다. "한 사회를 사람으로 본다면, 그는 지극히 이기적이고 교만한
사람이다."

의협심 넘치는 개인은 집단의 이기적인 목표를 위해서 쉽게 희생당하곤 한다. 자기를 위해서라면 파리 한 마리 못 죽일 사람이, 국익을 건 전쟁에서는 불굴의 전사로 거듭나는 경우가 종종 있다. 국가는 도덕적이고 숭고하다는 믿음 때문이다.

국가보다 작은 집단에서도 이런 일이 자주 벌어진다. 상대를 때리는 짓은 아주 나쁘다. 우리는 이를 너무도 잘 알고 있다. 그런데 학교끼리 시비가 붙어 큰 싸움이 벌어졌을 때는 이런 당연한 사실을 쉽게 잊어버린다. '학교의 명예를 위해서'라는 젊은 혈기를 끓어오르게 하는 명분 탓에, 마치 폭력을 정당한 것인 양 여기기 쉽다. "자신의 공동체에 바치는 헌신은 이타주의임과 동시에 변형된 이기주의다."

따라서 앞장서 정의를 외치기 전에 차분하게 자신에게 물어보라. "과연 내가 앞장서 대표하려는 집단은 정의롭고 올바른가?", "나는 과연 집단의 올바른 목적 때문에 흥분하고 있는가?" 만일 이 질문에 '그렇다'라는 확신이 들지 않는다면, 일단 마음을 가라앉히고 다시 곰곰이 생각해보라.

물론 집단이 정의로운지, 정의롭지 않은지를 판단하기란 대단히 어렵다. 집단은 항상 이익을 도덕과 정의로 포장하기 때문이다. 니부어는 필리핀을 식민지로 삼은 미국의 매킨리 대통령의 고백을 예로 든다.

나는 밤새 뒤척이며 몇 날 며칠을 고민했습니다. 그러던 어느 날 필리핀을 점령하여 교육으로 그들의 눈을 뜨게 하고 기독교 정신을 가르쳐야 한다는 의무감을 느꼈습니다. 하느님의 은혜를 베풀기 위해서 말이지요. 그 뒤에야 저는 편안하게 잠들 수 있었습니다.

매킨리의 고민은 미국이 필리핀을 점령한 명분을 찾는 데 있었다. '교육으로 문명을 심어준다'는 숭고한 뜻은 정말 그럴듯한 사명이 아닐 수 없다. 하지만 뒤에 필리핀의 값싼 사탕수수가 미국으로 밀려 들어와 자국 농민들을 곤혹스럽게 하자, 미국은 필리핀을 독립시켜 사탕수수에 관세를 매길 궁리를 하게 된다.

일본도 마찬가지다. 약소국 조선을 보살펴준답시고 을사 '보호' 조약을 맺었지만, 진짜 속셈이 무엇이었는지는 분명하다. 집단의 목표가 양심에 마뜩찮아도, 거기에 속해 이익을 보는 사람들은 불의에 눈감아버리기 쉽다. 나아가 '전체를 위해' 기꺼이 충성과 용기라는 '덕목'을 발휘하기까지 한다. 그리고 그 결과는 재앙으로 이어진다.

페루 원주민들은 독수리보다 높게 날기를 바라지 않았다. 그리고 옥수수의 뿌리 이하를 알려고도 하지 않았다. …(중략)… 그들은 에스파냐 사람들을 믿을 수 없었다. 그 큰 바다를 건너왔다는 점도 놀라웠지만, 그들의 탐욕과 의욕은 더욱더 충격이었다. 그들은 매

우 과감하고 헌신적이면서도 야수적이었다. 이 모두는 원주민들의
상상을 넘어설 만큼 컸다.

페루 사람들이 에스파냐 사람들을 처음 봤을 때 느꼈던 충격을
적은 글이다. 집단의 목표와 의지는 개인의 욕심과 의욕을 무한
정으로 키우는 역할을 한다. 집단과 함께 있을 때 사람들이 과감
해지는 이유는 여기에 있다.

더구나 집단은 개인의 허영심을 교묘히 이용하기까지 한다. 누
구에게나 일상은 구차하고 재미없게 느껴지는 법이다. 전체를 위
해 뭔가를 한다는 느낌은 내가 남보다 더 나은, 숭고한 일을 한다
는 환상을 준다. 훈장이나 상장이 지닌 위력을 생각해보라. '표창'
이라고 큼지막하게 적힌 종잇조각은 사람을 얼마나 우쭐하게 만
드는가! 화려한 훈장을 장식처럼 주렁주렁 달고 있는 지도자들도
마찬가지다. 그는 범접하지 못할 숭고하고 대단한 사람이고, 그
를 위해서는 희생을 할 만하다는 '확신'을 주곤 한다. 많은 사람들
이 이렇듯 집단이 주는 환상에 빠져 자신을 기꺼이 내던진다.

이제 자신을 점검해볼 차례다. 집단이 내세우는 명분이 과연 정
의로운가? 나는 단지 멋진 장식이나 문구, 분위기에 휩쓸리고 있
지는 않은가? 허영심은 언제나 위험하다. 총대를 메기에 앞서 몇
번씩 되물어볼 일이다.

니부어는 현대를 "정직이 냉소의 발끝에도 못 미치는 시대"라고 평가했다. 그가 지금까지 살아 있다면, 이제는 정직이 발끝에도 못 미치는 정도가 아니라 아예 땅 밑으로 숨어버렸다고 평가할지도 모르겠다.

지금의 집단들은 구차하게 도덕이나 명분을 내세우지 않는다. 의리를 내세우던 건달들도 이제는 돈에 따라 뭉친다. '집값을 올리기 위해서' 당당하게 이웃들이 뭉치는 것이 요새의 풍속이다. 하지만 이럴 때일수록 도덕만큼 중요한 것도 없다

돈이면 무엇이든지 가능하다고 여겨지는 이 시대에, 우리는 집단을 위해 총대를 메야 할 때처럼 나 자신의 이익이 걸린 문제에 대해서도 물음을 던져야 한다. "나는 과연 올곧은 목표를 위해 목소리를 내고 있는가?"라고 말이다. "이익은 짧고 진리는 길다."라는 격언은 괜히 생긴 것이 아니다. 나에게 이익이 되는 일은 정의롭다고 믿기 쉽다. 집값 담합을 위해서 '지역 균형 발전' 등의 그럴듯한 명분을 모두 끌어다 붙이듯 말이다.

도덕성이 결여된 이익은 결국 내 영혼과 삶을 황폐하게 한다. 설탕은 달지만, 건강을 해친다는 점을 명심하라. 내가 몸 바치려는 집단이 도덕적인지, 그리고 내게 돌아오는 이익이 올바른 것인지 끊임없이 되물어볼 일이다.

그래서 니부어는 "이상주의가 가장 쓸모가 있다."라고 말한다. 흔히 이상주의는 현실과 동떨어져 있다는 이유로 비난받곤 한다. 하지만 이상주의자들은 적어도 무엇이 참이고 옳은 길인지는 안다. 애매한 처지에 빠져 판단하기 어려우면, 이 상황에서 가장 '이상적인' 방안이 무엇인지 답을 내어보자. 현실에 맞추는 작업은 그 다음이다. 이상은 내 삶의 어려운 문제에 부딪혔을 때 올바른 길을 가리키는 나침반이 될 것이다.

라인홀드 니부어Reinhold Niebuhr는 1892년 미국 미주리에서 태어났다. 아버지는 독일에서 건너온 장로교회 목사였고, 어머니 또한 독일계 장로교회 선교사였다. 덕분에 그는 종교적인 분위기 속에서 어린 시절을 보냈다. 아버지는 자녀 중 니부어를 가장 사랑했다. 니부어 역시 그 기대를 저버리지 않고 아버지처럼 목사가 되려고 결심했다. 그는 시카고 근처에 있는 엘름허스트 대학에서 공부하다가, 아버지의 뒤를 이어 세인트루이스 대학에 진학했다.

하지만 1913년, 아버지의 갑작스러운 죽음으로 경제적인 곤란에 처하게 되자 그는 목사로 부임하여 생계를 꾸리는 한편 예일 대학에서 장학금을 받으며 공부했다. 그래서 니부어의 최종 학력은 1915

년, 예일 대학에서 인문학 석사를 받은 데 그칠 수밖에 없었다.

1915년부터 1928년까지 그는 디트로이트의 베텔 교회에서 목사로 활동을 했다. 이때 그는 신도들 가운데 디트로이트 자동차 공장에서 일하던 노동자들을 통해 자본주의의 잔인함을 뼈저리게 느끼게 된다. 이후 그는 사회문제에 관심을 갖게 되었으며, 그의 대표작인 《도덕적 인간과 비도덕적 사회》도 이러한 문제의식의 연장선에서 나왔다.

1928년, 니부어는 뉴욕 주의 유니온 신학대학 교수로 취임했다. 이후 1960년에 퇴임할 때까지 그는 강의와 연구에만 몰두하는 삶을 살았다. 두 번의 세계대전과, 자본주의와 공산주의 진영의 오랜 냉전, 그리고 핵무기의 위협을 겪으면서 그는 인간의 악한 본성에 대해 깊이 고뇌하게 되었다. 또한 니부어는 위기에 처한 세계를 구하기 위해 왕성한 활동을 하는데, 〈뉴 리더〉 등 당대 유명한 잡지 중에는 그가 주도적으로 창간한 것들이 많다. 여러 활동의 공로로 말년에 예일, 옥스퍼드, 하버드 등에서 명예박사 학위를 받았다. 1971년에 70세의 나이로 숨을 거두었다.

이기주의자들과
더불어 살기

홉스

나의 이익을 위해서라면

—

    민주주의 사회는 항상 왁자지껄하다. 모두가 평등한 만큼 누구도 쉽사리 양보하지 않는 까닭이다. 화장터, 쓰레기 소각장 등이 만들어질 때마다 마을에서는 큰 싸움이 벌어지곤 한다. 왜 우리가 '피해'를 보아야 하냐고 큰소리를 내지만, 정부는 전전긍긍할 뿐이다. 모두의 권리를 소중하게 여겨야 하기 때문에, 오히려 누구의 권리도 제대로 지켜주지 못한다.

    우리네 일상도 마찬가지다. 주차 문제로 이웃끼리 언성을 높이고, 학교 시험 문제 하나를 놓고도 인터넷 게시판이 악플로 도배되곤 한다. 그렇다고 누구를 위협하여 잠잠하게 했다가는 더 큰 일이 난다. 나라 경제를 쥐락펴락하는 이들도 성질 한번 잘못 냈다가는 철창 신세를 지는 게 민주주의 국가다.

매일같이 계속되는 악다구니, 삶은 피곤하기만 하다. 그래서 어떤 사람들은 말한다. 카리스마 넘치는 지도자가 이 모든 다툼을 깨끗하게 쓸어버렸으면 좋겠다고. 하지만 과연 그런다고 다툼이 해결될까? 그 지도자가 사라지면, 눌려 있던 갈등이 어김없이 다시 터져나오고 말 터다.

그렇다면 지긋지긋한 다툼을 어떻게 하면 평화롭게 풀어갈 수 있을까? 홉스는 이런 물음에 딱 맞는 답을 주는 철학자다. 그는 세상이란 "만인萬人의 만인에 대한 투쟁" 상태라고 말한다. 모두가 치고 박고 싸우는 게 세상살이의 본래 모습이라는 뜻이다. 전쟁 같은 삶 속에서 어떻게 해야 평화와 질서를 찾을 수 있을까? 그가 내놓는 해결책을 함께 살펴보기로 하자.

최선을 이룰 수 없다면 최악을 피하라
—

홉스는 꿈과 환상을 믿지 않았다. 능력 없는 사람일수록 푸념이 많다. 이들은 "예전에는 이렇지 않았지. 도덕이 땅에 떨어지고 말았어."라며 한탄하곤 한다.

반면 유능한 의사는 결코 '희망'을 품지 않는다. 환자의 상태를 있는 그대로 바라볼 뿐이다. 그리고 그 안에서 최선의 치료책을 찾는다. 홉스가 바로 그랬다. 그는 결코 사람들이 도덕군자가 되리라고 생각하지 않았다. 인간이란 자기밖에 모르고, 살아남기 위해서라면 어떤 나쁜 짓도 서슴지 않는 존재다. 이렇듯 그는 최악인 인간의 모습을 떠올리고, 그 속에서 세상을 평화롭게 만들길을 찾았다.

홉스는 인간에게는 타고난 권리가 있다고 말한다. 그 권리란 '목숨을 지키기 위해서 원하는 대로 자신의 힘을 쓸 자유'다. 모든 인간은 이 권리를 누릴 자격이 있다. 미국 서부개척 시대에는 "신이 인간을 만들었고, 총이 사람들을 평등하게 했다."는 말이 있었다. 이 말은 홉스 철학에도 딱 들어맞는다. 누구나 목숨은 하나뿐이다. 돈이 많건, 지위가 높건 마찬가지다. 그러니 살아남기 위해 날카롭게 이빨을 세우며 다투는 것은 누구에게나 당연한 권리다.

이렇게 보면 지금 사회는 예전보다 훨씬 더 정의롭다. 예전에는 '뼈대 있는 가문' 출신이라는 이유만으로 다른 이들을 자기 앞에 무릎 꿇게 하고 억지를 부렸다. 그러나 현대 사회에서는 모두가 평등해졌다. 사회 밑바닥에 있던 사람들도 열심히 일해 돈을 모으면 그에 맞는 최고의 대접을 받을 수 있다. 신분이나 출신 배경을 문제 삼아 돈을 벌지 못하도록 발목을 잡는 일도 없다. 정말 우리 사회는 시민들에게 '자신을 지키기 위해 원하는 대로 힘을 쓸 자유'를 보장해주고 있지 않은가?

하지만 비극은 바로 여기에 있다. 모두가 동등하므로, 누구도 권위를 세워 다툼을 잠재우지 못한다. 그러니 생활은 싸움의 연속이고 마음은 늘 불안하고 초조하다. 바로 옆에 있는 이웃이 나의 적이 되곤 하니 하루도 마음 편히 다리 뻗고 지낼 수 없다. 이런 처지를 홉스는 다음과 같이 정리한다.

이런 상황에서는 수확을 남들에게 빼앗기지 않으리라는 보장이 없다. 그러니 농사지으려는 사람도 없다. 누구도 항해에 나서지 않으며, 물건을 팔려 하지도 않는다. 넓고 편안한 건물이 없고, 큰 힘을 써서 물건을 옮기는 장치도 없다. 세상에 대한 지식도 쌓이지 않고 시간을 따지지도 않는다. 예술과 학문, 사회생활도 당연히 없다. 잔인하게 죽임을 당할지 모른다는 두려움이 항상 머릿속을 지배한다. 그러니 삶은 외롭고 가난하며 더럽고 잔인하게 짧다.

질서가 사라진 나라의 모습이 꼭 이렇다. 다행히도 인간에게는 타고난 권리에 더하여, 몸에 새겨진 생존 법칙도 있다. 자연이 따르라고 우리에게 내려준 명령, '자연법'이 바로 그것이다. 홉스에 따르면 자연법이란 이렇다. 첫째, 평화를 이루도록 노력하라. 둘째, 모든 방법을 써서라도 자신을 지켜라. 셋째, 남과의 신용을 지켜라.

세 가지 법칙 모두 설명이 필요 없는 생활의 '상식'들이다. 실제로 우리는 안전하고 편안하게 살기 위해서 세 가지 규칙을 늘 따른다. 심지어 조직 폭력배들끼리도 마찬가지다. 그네들이라고 항상 싸움질만 하는 것은 아니다. 자기들끼리는 되도록 평화적인 방법으로 문제를 풀려고 하며, 자기 이익은 지키되 남들에게는 믿음을 잃지 않도록 노력한다.

하지만 상식으로만 굴러가는 사회는 불안하기 짝이 없다. 누구 하나라도 규칙을 어기면 세상은 또다시 난장판이 되어버린다. 새치기하는 몇몇 사람들 탓에 자율적으로 줄을 서던 분위기가 얼마나 쉽게 무너지는가.

그래서 홉스는 말한다. "최선을 이룰 수 없다면 최악을 피하라." 총으로 모두가 평등해졌다는 미국 서부개척지에서도 질서를 유지시키는 보안관이 있었다. 마찬가지로 불안한 평화를 지키려면, 누구나 고개를 숙이는 '질서 지킴이'가 있어야 한다. 질서 지킴이는 때로 나에게 명령을 내리고 나를 불편하게 만들지 모른다. 그래도 언제 누가 나를 때릴지 몰라 불안해하는 쪽보다는 낫다. 최선을 이룰 수 없다면 최악을 피하는 게 상책이다.

세상 모든 이기심을 조정하는 힘

—

그래서 사회에는 누구도 감히 맞서지 못할 질서 지킴이가 나타나게 된다. 홉스는 이를 '리바이어던Leviathan'이라고 불렀다. 리바이어던은 성경의 〈욥기〉 41장에 나오는 괴물이다(우리말 《성경》에서는 리바이어던을 '리워야단' 또는 '악어'로 옮겨놓았다).

입에서는 횃불이 나오고 불똥이 튄다. 콧구멍에서 펑펑 연기가 쏟아지고, 그 숨결은 숯불을 피울 만하다. 입에서는 불꽃이 나온다. 힘이 억세게 들어간 목은 사람들을 겁에 질리게 한다. …(중략)… 살갗은 쇠와 같아서 약한 곳을 찾을 수 없다. 그 앞에서는 쇠도 지푸라기 같고, 활도 썩은 나무토막일 따름이다. …(중략)… 물에 뛰어들면, 이 괴물은 깊은 물을 가마솥같이 끓게 한다. …(중략)… 땅 위에서는 이와 겨룰 만한 자가 없다. 처음부터 이 괴물은 겁이 없도록 만들어졌다. 교만한 모든 이들을 우습게 여기며, 그 모든 이들 앞에서 왕 노릇을 한다.

홉스가 쓴 《리바이어던》의 표지에는 "땅 위에 이보다 더 힘센 자가 없으니, 누가 그와 겨루랴?"라는 글이 적혀 있다. 그는 왜 질서 지킴이를 이토록 무시무시한 괴물에 빗대었을까? 누구도 여기에 맞설 수 없기 때문이다. 일단 사람들의 합의 아래 질서를 만들었다면, 어떤 경우에도 이를 어겨서는 안 된다는 의미다.

민주주의가 잘 이루어진 선진국들의 경찰은 리바이어던이 무엇을 뜻하는지 정확하게 보여준다. 어지간해서는 경찰이 시민에게 무례하게 구는 법이 없다. 하지만 누군가 법을 어기면, 경찰은 조금도 사정을 봐주지 않는다. 특히 경찰에게 맞서는 경우에는 철저하게 대가를 치르게 된다. 다툼을 없애고 안전한 사회를 만들려면 질서 지킴이는 이래야 한다.

동시에 홉스는 리바이어던이 안전을 지키는 도구에 지나지 않다는 점도 강조한다. 흔히 권력자들은 자신의 힘이 시민들을 보호하기 위해 있다는 사실을 잊곤 한다. 권력에 맛들이면 자기가 위대해서 사람들이 복종한다고 착각하기 쉽다.

리바이어던은 괴물일 뿐이다. 누구도 리바이어던을 좋아하지도, 존경하지도 않는다. 이는 질서를 지키기 위한 장치일 뿐이다. 만약 괴물이 자기 역할을 잊고 제 멋에 취해 날뛰기 시작하면 그보다 더 큰 재앙도 없다.

이를 우리 생활에 견주어보자. 일단 사람들끼리 논의를 거쳐 규칙이 만들어지면, 누구도 예외 없이 여기에 따라야 한다. 물론 규칙을 만들 때는 모든 사람들이 자기 이익을 좇는다는 사실을 존중해주어야 한다. 명분을 내세워 누구를 억누르려 하거나, 누군가에게 손해를 입도록 강요해서는 안 된다.

하지만 생활이란 게 늘 규칙대로 되지는 않는다. 갈등은 때때로

불거지게 마련이다. 이때도 한번 정한 원칙을 무너뜨려서는 안 된다. 원칙이 무너지면 세상은 또다시 "만인의 만인에 대한 투쟁 상태"로 돌아가버릴 테니까.

또한 권력자들도 규칙에 따라 자신에게 주어진 힘을 써야 한다. 권력은 스스로 쟁취한 것이 아니라 사람들의 동의 아래 주어진 것에 지나지 않는다. 권력자들이 이를 잊지 않는다면, 규칙이 특정한 몇몇의 이익만을 앞세우는 잘못은 사라질 것이다.

대화와 타협은 민주주의에서 강조되는 최고 덕목이다. 하지만 대화와 타협만으로 속 시원히 해결되는 문제는 드물다. 각자의 욕심을 솔직하게 인정하고 존중하라. 그리고 이를 보호하는 방향으로 규칙을 만들라. 나아가 규칙은 강하고 권력자는 약하게 하라.

규칙이 구성원 하나하나의 이익을 보장해준다면 뒷말이 나올 리 없다. 강력한 규칙에 쩔쩔매는 권력자에게 반란을 꿈꾸는 일도 좀처럼 벌어지지 않는다. 홉스가 던지는 조언에 귀 기울여보자. 다툼으로 가득한 세상에 깃드는 평화를 맛볼 수 있을 것이다.

토머스 홉스Thomas Hobbes는 1588년 영국 맘즈베리 근처의 조그만 마을에서 태어났다. 홉스의 아버지는 예배를 하기 위한 기도문과 성경을 겨우 읽을 수 있을 만큼만 교육받은 매우 질 낮은 목사였다.

옥스퍼드 대학을 졸업하자마자 홉스는 학장의 소개로 데번셔 백작 가문에 취직했다. 스무 살 나이에 인연을 맺은 데번셔 백작 가문은 홉스에게 '평생직장'이 되었다. 그는 90세가 넘는 생애 동안 무려 4대가 바뀐 이 집안의 주인을 모신 충실한 비서이자 가정교사였다. 당시의 이런 '비서직'은 주인의 하루 일과를 하나하나 뒤따르고 보조해야 했다. 백작이 다른 귀족들과 대화를 나누는 동안, 그는 마찬가지로 상당한 지식인이었을 다른 비서들과 함께 대기실에서 기다리면서 대화를 나누곤 했다. 이를 통해 그는 지식과 사회에 대한 안목을 기를 수 있었다.

1640년, 홉스는 프랑스로 망명했다. 권력을 잡기 시작한 의회가 왕당파를 처벌한다는 소문이 돌았기 때문이다. 이후 내전이 벌어지고 의회가 왕을 체포하여 목을 자른 후 올리버 크롬웰이 공화정을 수립하는 참혹한 혁명기 동안, 홉스는 줄곧 프랑스에서 지냈다.

그는 겁이 많은 사람으로, 결코 투사는 되지 못했다. 대신 싸움터에서 멀리 벗어나 냉철하고 정확하게 본질을 꿰뚫는 철학자로서의 능력이 뛰어났다. 그는 인간에 대한 근원적인 분석에서부터 출발하여 사회 혼란을 잠재울 해결 방안을 찾았다. 이러한 노력의 결과 탄생한 책이 《리바이어던》이다.

1679년, 홉스는 91세의 나이로 숨을 거둔다. 그가 묻힌 곳은 데번셔 가문 백작들의 동상이 내려다보는 곳이었다.

우리는 이미
스스로 돕는 법을 알고 있다

아나키즘

배려는 어떻게 사라지는가

—

엘리베이터가 갑자기 멈췄다. 몇 시간째 문이 열리지 않는 상황이 계속되고 있다. 이럴 때 엘리베이터 안에서는 어떤 일이 벌어질까? 사람들이 서로를 경계하며 날카롭게 노려보고 있을까? 그렇지 않을 것이다. 대개는 말문을 트고 걱정을 나누기 시작할 테다. 먹을 것이 있으면 나누기도 하고, 몸 불편한 이가 있으면 앉으라고 권하기도 할 것이다.

이런 모습은 큰 재난 상황에서도 비슷하게 벌어진다. 1906년

샌프란시스코 대지진에서 1940년 런던 대공습, 2001년 미국 9·11 테러에 이르기까지, 큰 사고가 터지면 시민들은 스스로 나서서 서로를 돕곤 했다. "고통 없는 세상은 고귀함 없는 세상이다." 사회 운동가 리베카 솔닛의 말이다. 닥친 시련은 사람들에게 따뜻한 배려와 아름다운 희생의 마음을 일깨운다.

하지만 이 상황에서 국가가 끼어든다면 어떨까? 공무원들이 나서서, 고난에 처한 이들을 제대로 돕지 않을 때는 처벌받는다고 외치고 다닌다면? 보험회사 직원들이 손실의 책임을 따지기 위해 이것저것 조사하고 다닌다면?

사람들 사이에 퍼져 있던 배려의 마음은 순식간에 사라져버린다. '저 사람들은 국가가 도와야지 내가 끼어들 일이 아니야'라며 몸을 사리게 될 테다. 그리고 책임질 일을 피하며 자신에게 돌아올 이익을 따지게 된다. 자발적으로 서로를 돕는 주체에서 조직의 지시를 수동적으로 따르며 손익계산에 따라 움직이는 '객체'로 돌아가는 셈이다.

경쟁과 다툼이 일상화되는 이유

—

이쯤 되면 아나키스트들이 왜 국가를 모든 악의 근원으로 보았는지 이해가 된다. 아나키스트들은 '정부 없는 세상'을 꿈꾸는 이들이다. 그들은 우리의 상식을 뒤집는다. 시장에서는 치열한 경쟁이 벌어진다. 강한 자가 살아남고 약한 자는 잡아먹힌다는 약육강식은 세상의 당연한 법칙인 듯싶다. 하지만 아나키스트들의 생각은 전혀 다르다.

투쟁과 다툼은 늘 일어나지 않는다. 심지어 짐승들 무리에서도 그렇다. 경쟁보다는 평화의 시기가 훨씬 길다. 철새는 무리를 지어 하늘을 날고 들소들은 무리를 지어 들판을 노닌다. 코끼리, 고래, 원숭이에 이르기까지 대부분의 짐승들은 사이좋게 협력하며 살아간다.

살아남는 데는 서로 돕는 것이 경쟁보다 훨씬 유리하다. 인간 사회도 마찬가지다. 아나키스트인 표트르 크로포트킨Pyotr Kropotkin에 따르면, "역사상 전쟁이 정상 상태였던 적은 한 번도 없었다." 오순도순 살아가는 작은 마을에서는 경찰관이 없어도 불안하지 않다. 하지만 국가가 나서서 질서를 잡는 순간, 시민들 사이에 퍼져 있는 자발성은 스러진다. 이웃이 위기에 닥쳐도 경찰이 할 일이라며 관심을 접어버린다. 법질서가 뿌리내리고 행정이 자리 잡힐수록 사회가 삭막해지는 이유다.

동료 시민들에게 자신을 기댈 수 없을 때 사람들은 점점 이기적으로 바뀐다. 남들과 함께 도우며 사는 방법은 까맣게 잊어버린 채, 상대를 누르고 없애야만 한다는 조급함에 휩싸인다. 그래서 사회 곳곳에서 불필요한 경쟁이 벌어지며 의심과 분란이 끊임없이 불거지곤 한다.

누구도 패배하지 않으려면

—

'무한경쟁'은 우리 시대의 특징이 되었다. 경쟁에서 살아남는 것은 우리 모두에게 절체절명의 과제다. 하지만 경쟁은 모두가 패배자가 되는 과정이기도 하다. 정상에 섰다 해도 그 자리가 영원하지 않다. 치고 올라오는 누군가가 최고의 자리에 선 자를 밀쳐낼 것이기 때문이다. 이렇듯 경쟁은 잠깐의 승리와 기나긴 패배가 거듭되는 과정이다.

반면, 돕고 나누는 '상호부조相互扶助'는 패배자를 만들지 않는다. 서로 성장하며 나아지는 과정만 있을 뿐이다. 자본주의는 이제 한계에 다다른 느낌이다. 혁신은 좀처럼 일어나지 않고, 조그만 이익을 놓고도 피 튀기는 경쟁이 벌어진다. 승자도 별 이익을 챙기지 못하며 패자만큼이나 상처를 받는 일도 숱하게 벌어진다.

자본주의는 '생존경쟁'을 당연하게 여긴다. 그러나 우리 삶에서 진짜 당연한 것은 '상호부조'가 아닐까? 자본주의는 경쟁을 통해 성장해왔다. 그렇다면 나눔을 통한 성장은 불가능할까? 아나키즘이 새롭게 주목받는 까닭은 여기에 있다.

아나키즘 anarchism은 흔히 '무정부주의'로 옮겨지곤 한다. 한마디로 국가와 정부를 받아들이지 말자는 주장이다. 아나키스트들은 '협동과 공생共生에 기초한 소규모 자연 공동체'를 꿈꾼다. 아나키스트들은 각자의 생각을 자유롭게 펼치는 세상을 꿈꾼다. 어떤 생각이라도 많은 지지를 받으면 '우리의 주장'이 될 수 있다. 따라서 아나키즘은 '무정부주의'보다, '무강권無强勸주의'라고 옮겨야 옳다. 그들은 '만장일치를 통한 직접민주주의'를 꿈꾼다.

아나키즘의 시조始祖격인 크로포트킨은 상호부조를 '자연의 법칙'이라고 말한다. 세상에는 생존투쟁만 벌어지지 않는다. 동물 세계에서도 다툴 때보다는 평화로운 시기가 더 많다. 싸우기보다 서로를 돌보는 쪽이 살아남는 데 유리하기 때문이다. 크로포트킨에 따르면 인간 사회도 다르지 않다. "어떤 때라도 전쟁이 정상적인 상태인 적은 없었다."

아나키스트들은 시위 현장에서도 금방 눈에 띈다. 그들은 검은색 옷을 입고, 검은색 천에 'A'와 'O'를 겹쳐서 써놓은 깃발을 흔든다. 검은색은 '없음'과 '거부'를, 'A'와 'O'는 각각 아나키즘 anarchism과 질서 order를 뜻한다. 그래서 이들은 '블랙 블록 Black Bloc'이라 불린다. 아나키스트들은 누군가의 명령에 따르지 않는다. 그때그때 상황에 따라 각자 알아서 판단하고 힘을 합친다. 아나키스트들의 활동은 늘 변화무쌍하다.

삶의 영원한
승리자가 되는 길

간디

그 어떤 것보다 강한 힘

세상이 점점 살벌해지는 듯하다. 학교 폭력은 날로 심각해진다. 거리에는 별것 아닌 일에도 핏대 세우는 사람들 천지다. 사람들이 슈퍼맨, 배트맨에 열광하는 데는 다 이유가 있다. 내가 약하고 힘이 없다면 삶도 고달프게 마련이다. 만약 내가 슈퍼맨 같은 강한 '근육맨'이 될 수 있다면 더 이상 마음 졸이며 살 필요가 없지 않을까? 남들이 깔보지 못할 테고, '나쁜 놈'들도 혼내줄 수 있을 테니 말이다.

상대의 폭력에 맞서기 위해서는 더 큰 힘을 지니고 있어야 한다. 남이 한 대 때리면 나는 열 대, 백 대를 두들겨줄 수 있어야 한다. 그래야 다시는 나를 건드릴 엄두를 못 낼 테니까. 국가 간에도 마찬가지다. 나라의 안전과 평화를 위해서는 상대 국가를 압도할 만한 군사력을 갖추어야 한다. '이에는 이, 눈에는 눈'이라고 하지 않았던가? 누군가 우리를 건드린다면, 그만한 대가를 치르게끔 만들라는 것이다.

그러나 힘이 세면 안전해질까? 그렇지 않다. 찬찬히 우리 생활을 돌이켜보면 그 사실을 쉽게 깨달을 수 있다. 조직 폭력배들을 예로 들어보자. 무서울 것 없어 보이는 이들은 사실 세상에서 제일 겁 많은 사람들이다. 아무리 싸움 못하는 친구도, 누가 등 뒤에서 칼로 찌를까 봐 전전긍긍하며 살지는 않는다. 그러나 싸움 잘한다는 '조폭'들은 누군가 자기 생명을 노리고 있지 않을까 늘 긴장하며 살아간다. 그들은 흉기를 몇 개씩 지니고 있어도 마음을 놓지 못한다.

힘으로는 남을 제압할 수도, 나를 안전하고 행복하게 만들 수도 없다. 내가 약해지는 순간, 상대방은 다시 이를 악물고 덤벼들게 마련이다. 이런 상황에서는 힘을 가진 자나 없는 자나 처지는 매한가지다. 둘 다 두려움에 떨고 있기 때문이다. 그렇다면 어떻게 해야 두려운 상대를 이기고 진정 안전하고 행복할 수 있을까? 마하트마 간디는 이에 대해 명확한 답을 준다. 안전해지고 싶다면 폭력을 버려라. "폭력이 동물이 살아가는 방식이라면, 비폭력은 인류 삶의 방식이다."

그저 잘못을 알려주었을 뿐
—

간디는 인류 최고의 '싸움 짱'이라 할 만하다. 그는 일찍이 '인도인'이라는 이유로 자신을 기차 밖으로 집어던졌던 남아프리카공화국 관료들에 맞서서 남아프리카공화국 정부 전체의 항복을 받아냈을 정도로 '힘센' 사나이였다. 나아가 '해가 지지 않는 나라' 대영제국과 싸워서, 조국 인도에서 그들을 몰아내는 데 성공했다. 그렇다면 간디는 '황비홍' 같은 무술의 달인이었을까? 군사 전략의 대가였을까? 아니다. 그는 영국 수상 윈스턴 처칠Winston Churchill의 표현대로 '벌거벗은 거지 사제'였을 뿐이다.

그는 철저하게 '아힘사ahimsa', 곧 비폭력 운동을 전개해 강한 적들과의 싸움에서 승리를 거둘 수 있었다. 간디는 말한다. "상대방의 적개심을 없애려면 마음을 감동시켜야 한다. 절대로 불의不義를 불의로 되갚아서는 안 된다."

예를 들어 친구로부터 괴롭힘을 당했다고 해보자. 나는 친구에게 똑같은 방식으로 모욕과 놀림을 줄 수 있다. 그 순간 복수했다는 쾌감에 짜릿함을 느낄지도 모른다. 하지만 간디는 전혀 다른 방식으로 접근한다. 그는 "수모를 견디고, 필요할 때는 적을 도울 준비까지 되어 있었다." 상처를 받았다면 괴롭힌 상대에 집중하지 말고 진리에 주목하라. 만약 누군가가 상처를 입혔다면 분한 마음을 일단 가라앉히자. 바로 되받아치는 행동은 동물의 방식일 뿐이다. 이것은 또 다른 복수를 낳아 결국 폭력과 상처의 악순환이 끊이지 않게 된다.

상대에게 복수하기는커녕 올바른 행동 방식을 일러주면 어떨까? 사실 생활 속 경험은 이러한 대응이 옳다는 것을 여실히 보여준다. 한껏 괴롭혔는데도 보복하기는커녕 오히려 내 성격이 폭력 때문에 삐뚤어지지는 않을까 걱정하는 친구를 만났다고 생각해 보라. 한두 번은 더 괴롭힐지 몰라도 점점 친구에게 미안한 마음이 들 것이다. 어느 정도 시간이 지나면, 상대방에게 미안하다고 손을 내밀게 될지도 모른다.

간디가 적들에게 보인 행동이 바로 그랬다. 간디는 상대방의 옳지 못한 행동에 끝까지 저항했다. "집요하게 거부하되 폭력 없이 공개적으로 하라." 실제로 간디는 그렇게 처신했다. 부당한 세금은 내지 않았고 몽둥이로 때려도 묵묵히 맞기만 했으며, 감옥에 갇힐 때도 저항 없이 조용히 끌려갔을 따름이다.

옳지 못한 행동에 대한 끈질긴 거부는 결국 때리고 괴롭히던 상대를 부끄럽게 만든다. 억울하게 당하는 이는 사람들의 분노와 동정을 산다. 간디는 이렇게 말한다. "그들은 폭력을 휘둘러서 내게 축복을 내린 셈이다. 그들 스스로 정의를 알린 셈이니까.”

정의로운 간디의 인내는 사람들의 공감을 얻었다. 부당한 폭력은 때린 자들을 증오하게 만들었고, 더욱더 많은 이들이 간디 편으로 돌아섰다. 간디의 비폭력 운동은 역사를 통해 증명된 진리이기도 하다. 예수도 왼뺨을 맞으면 오른뺨까지 내밀라고 하지 않았던가? 이때도 승리는 강대한 유대 사회가 아니라 가녀린 청년 예수에게 돌아갔다. 힘으로 당장 상대를 굴복시킬 수는 있다. 그러나 상대는 영원히 나의 적으로 남을 뿐이다. 비폭력으로 상대를 설득하는 일은 시간이 오래 걸리고 끝없는 인내를 요구한다. 그러나 결국은 상대를 패배시키지 않고서도 승리를 이끌어내어, 그를 친구로 만든다.

간디의 적들은 결국 모두 그를 존경하게 되었다. 1931년 간디가 영국을 방문했을 때, 그는 '반란자들의 수괴'가 아닌 국빈 대접을 받았다. 곳곳에서 사람들의 환영을 받았고, 심지어 영국 왕은 그를 초대하여 차를 함께 나눌 정도였다.

간디는 자서전의 부제목을 '나의 진리 실험 이야기'라고 붙였다. 실제로 그는 평생 비폭력을 몸소 '실험'했던 사람이다. 그리고 비폭력이 그 어떤 폭력보다도 더 설득력 있고 효과적인 승리의 방법임을 삶이라는 실험을 통해 증명했다.

더 이상 나를 괴롭힐 수 없도록

—

하지만 간디와 같이 끝없이 인내하고 줏대 있게 신념을 지키는 일은 결코 쉽지 않다. 어떻게 간디는 그렇게 할 수 있었을까? 간디의 생활 태도는 '수신제가 치국평천하修身齊家治國平天下'라는 유교의 가르침을 떠올리게 한다. 그는 먼저 자신의 몸가짐부터 철저히 바로잡았다.

간디는 신앙심이 깊은 힌두교 신자였다. 그는 모든 욕심을 버렸다. 말린 과일 몇 개, 대추야자 열매 몇 알로 간단히 식사를 끝냈고, 스스로 물레로 실을 자아서 만든 옷감으로 지은 옷, 책 몇 권이 그가 가진 전부였다. 그는 최소한의 생활에 만족할 줄 알았다.

세상에서 가장 무서운 이는 욕심 없는 사람이다. 다른 이의 마음을 움직여 옳지 못한 행동을 하도록 만들 때, 사람들은 흔히 상대방의 욕망에 호소하곤 한다. "이렇게 하면 네가 원하는 것을 얻을 수 있어." 이런 식으로 말이다. 그러나 욕심이 없는 사람에게는 이런 설득이 불가능하다.

나아가 사람들의 다툼도 서로의 욕심이 충돌할 때 생기는 것이다. 만약 생존에 필요한 최소한의 것에 만족할 줄 안다면 싸울 일은 크게 줄어들 것이다. 또 정의롭지 못한 일에 수고를 쏟을 생각이 들지도 않을 터다. 간디가 사람들에게 물질문명을 거부하고 소박한 전통의 생활로 돌아가라고 권했던 것은 바로 이런 이유에서다. 물질문명 사회에서는 삶을 유지하는 비용이 너무나 많이 들어, 우리는 더욱 가난해질 따름이다. 우리 생활에서 없어도 되는 것들이 얼마나 많은지를 생각해보라. 그럼에도 그것을 얻기 위해 우리는 또 얼마나 아득바득 살고 있는지를 떠올려보라. 간디의 말에 절로 고개가 끄덕여질 것이다

간디는 서양 과학 문명을 '커다란 악惡'이라고 부르고, 돈으로 행복을 사려는 현대 사회를 '암흑시대'라고 하며 긴 한숨을 내쉬었다. 이 점에서 '물레 돌리는 간디'의 사진은 커다란 울림을 준다. 간디는 물레를 돌려 스스로 입을 옷을 짓는 데 필요한 옷감을 만들어냈다. '간디의 물레'는 필요 없는 욕망에서 벗어난, 소박하고 평화로운 세계에 대한 상징처럼 여겨진다.

삶의 영원한 승리자가 되는 법
—

더구나 간디는 삶에 대한 욕망마저도 없었다. 이런 사람이 더 무서운 법이다. 헛된 욕망이 없기에 판단이 흔들릴 일도 없고, 옳은 일을 위해서라면 목숨까지도 내던질 수 있기 때문이다. 그의 적들이 가장 두려워했던 투쟁은 간디의 '단식'이었다. 간디는 옳지 못한 일에 저항하는 수단으로 단식을 택했다. 간디의 단식이 시작될 때마다 사람들은 긴장하여 안절부절 못했다. 올곧은

이가 부당한 일 때문에 스스로 목숨을 끊는 것은 세상에 엄청난 충격과 파장을 부를 터였다. 억압에 짓눌려 표현하지 못하더라도, 사람들은 누구나 이것이 옳지 못하다는 사실을 잘 알고 있다. 독재자들이 의로운 사람들의 단식을 두려워하는 이유도 여기에 있다.

비폭력을 이해하지 못하는 사람들이 폭동을 일으켰을 때도, 간디는 '히말라야 산맥같이 엄청난 책임을 느끼며' 단식에 들어가곤 했다. 그에게 단식이란 식사를 끊음으로써 자신을 다스리고 세상을 타이르는 방식이었다. 무엇을 하라고 강요하지도, 누구에게 상처를 주지도 않으면서, 마음을 움직여 스스로 잘못을 고치게 하는 간디의 위대한 힘을 느낄 수 있는 대목이다.

간디는 이렇게 말한다. "악한 사람을 억지로 억누를 권리는 누구에게도 없다. 하지만 아무리 큰 희생을 치르더라도 악한 이를 거부하고 그에게서 멀어져야 한다. 그렇더라도 악한 사람이 자신의 잘못을 뉘우칠 때는 언제라도 두 팔을 벌려 환영해야 한다."

간디가 평생 추구했던 비폭력 저항 운동을 사티아그라하 satyagraha라고 부른다. 사티아그라하란 '진리의 힘'이라는 뜻이다. 간디는 진정 '적이 없는〔無敵〕 사나이'였다. 너무 힘이 세서 적을 만들지 않았다기보다는, 완벽하게 진리의 편에 서 있기에 도저히 적이 생길 수 없었다는 의미다. 혹시 세상 누군가에 대한 복수심에 주먹을 키우고 있다면, 간디의 생애를 떠올려보라. 자신의 삶에서 영원한 승리자가 되는 법을 알 수 있을 것이다.

마하트마 간디_{Mahatma Gandhi}는 1869년 인도 서해안 카디아와드의
포르반다르에서 태어났다. 그는 1888년 변호사 공부를 하기 위해 영
국의 이너 템플 법학원으로 떠났다. 몇 해 뒤 영국에서 변호사 자격
을 얻은 그는 일 때문에 남아프리카공화국으로 가던 중, 엄청나게
모욕적인 사건을 겪게 된다. 백인이 아니라는 이유로 열차에서 내팽
개쳐진 것이다. 이후로 간디는 인종차별 문제에 매달리게 되었다.
집요하고 단호한 비폭력 저항으로 그는 남아프리카에서 인도 이민
자들의 정치적인 지도자로 떠올랐다.

하지만 그는 영국에서 교육받은 자로서 '노블레스 오블리주'를 소
홀히 하지 않았다. 1899년 보어전쟁이 일어나자 영국군 측 위생병으
로 참전했다. 그는 세상을 '우리편'과 '적'으로 나누어 보지 않았다.
그에게 조국을 빼앗은 영국도 결코 '적'은 아니었다. 간디는 누구라
도 자기 양심에 옳다면 도움을 주었다.

1909년 첫 번째 저서인 《힌두 스와라지》(인도의 자치)를 출간했다.
그 후로 독립을 위한 투쟁은 계속되었다. 1930년, 영국의 세금 착취
를 거부하는 비폭력 저항운동으로, 아메다바드에서 단디까지 400킬

로미터의 '소금 행진'을 이끌기도 했다.

마침내 인도는 독립을 이루었지만, 나라는 다시 둘로 쪼개지고 만다. 1947년, 인도는 이슬람교의 파키스탄과 힌두교의 인도로 나눠졌다. 간디는 이를 '정신적 비극'이라고 탄식했다. 1948년, 간디는 강연장으로 가던 도중 푸나에서 온 청년이 쏜 총탄을 맞고 죽음을 맞았다. 평생을 이어온 비폭력 운동이 폭력으로 끝나는 순간이었다. 이처럼 성자의 가르침을 세상 사람들이 온전히 받아들이기는 참 어려운 일인 듯싶다.

"악한 사람을 억지로 억누를 권리는 누구에게도 없다.
하지만 아무리 큰 희생을 치르더라도
악한 이를 거부하고 그에게서 멀어져야 한다.
그렇더라도 악한 사람이 자신의 잘못을 뉘우칠 때는
언제라도 두 팔을 벌려 환영해야 한다."

· 간디 ·

서툰 인생을 위한 철학 수업

초판 1쇄 발행 2015년 12월 30일
초판 6쇄 발행 2021년 8월 25일

지은이 | 안광복
발행인 | 김형보
편집 | 최윤경, 강태영, 이경란, 양다은, 임재희
마케팅 | 이연실, 김사룡, 이하영
디자인 | 송은비
경영지원 | 최윤영

발행처 | 어크로스출판그룹(주)
출판신고 | 2018년 12월 20일 제 2018-000339호
주소 | 서울시 마포구 양화로10길 50 마이빌딩 3층
전화 | 070-5080-4037(편집) 070-8724-5877(영업) 팩스 | 02-6085-7676
e-mail | across@acrossbook.com

ⓒ 안광복 2015

ISBN 978-89-97379-78-1 03100

이 도서의 국립중앙도서관 출판시도서목록(CIP)은 서지정보유통지원시스템 홈페이지(http://seoji.nl.go.kr)와 국가자료공동목록시스템(http://www.nl.go.kr/kolisnet)에서 이용하실 수 있습니다. CIP제어번호 : CIP2015034906)

• 이 책은 2008년 웅진지식하우스에서 출간된 《인생고수》와 SERICEO(PRO) 등 다양한 매체에 연재된 저자의 원고를 선별하여 재출간한 도서입니다. 열한 편의 새로운 글이 추가되었고 구성과 편집을 새롭게 다듬어 출간했습니다.

만든 사람들
편집 | 최윤경, 박민지
디자인 | 이석운, 김미연